economía
y
demografía

PIERRE JALÉE

El Tercer Mundo en la economía mundial

la explotación imperialista

traducción de
FRANCISCO GONZÁLEZ ARAMBURU

siglo veintiuno editores, sa
CERRO DEL AGUA 248, MÉXICO 20, D.F.

siglo veintiuno de españa editores, sa
C/PLAZA 5, MADRID 33, ESPAÑA

siglo veintiuno argentina editores, sa
Av. PERÚ 952, BS. AS., ARGENTINA

primera edición en español, 1970
quinta edición en español, 1976

primera edición en francés, 1968

título original: le tiers monde dans l'economie mondiale

ÍNDICE GENERAL Y DE CUADROS

INTRODUCCIÓN 1

SIGLAS UTILIZADAS 4

PRIMERA PARTE

CAPÍTULO I: DATOS BÁSICOS 7

Cuadro I-1: Población y territorio en 1965 9
Cuadro I-2: Indicadores de desarrollo económico 11
Cuadro I-3: Indicadores de desarrollo social 12
Cuadro I-4: A. Índice del producto interno bruto, excepto servicios. B. Tasa de crecimiento anual del producto interno bruto 16

CAPÍTULO II: PRODUCCIÓN AGRÍCOLA Y PESCA 17

Cuadro II-1: A. Rendimientos agrícolas. B. Consumo de abonos 19
Cuadro II-2: Ganadería 20
Cuadro II-3: Utilización de las tierras 21
Cuadro II-4: A. Índice de producción agrícola por regiones. B. Índice de la producción agrícola en 1964 22
Cuadro II-5: Producción de arroz (con cáscara) 26
Cuadro II-6: A. Producción de café en 1964. B. Producción de té en 1964 27
Cuadro II-7: A. Producción de cacao en 1964. B. Producción de plátano, 1964-65 28
Cuadro II-8: A. Producción de cacahuate en 1964. B. Producción de copra en 1964 29
Cuadro II-9: A. Producción de algodón en 1964. B. Producción de yute en 1964-65 30
Cuadro II-10: A. Producción de caucho en 1964. B. Producción de madera en rollo, excepto de coníferas resinosas, en 1964 31
Cuadro II-11: Pesca (pesca marítima e interior) 32

CAPÍTULO III: PRODUCCIÓN DE MINERALES Y ENERGÉTICOS 34

Cuadro III-1: Índices de las industrias extractivas del mundo, excepto los países socialistas de Asia 35
Cuadro III-2: Energéticos: producción y consumo en 1964, y cifras globales, 1965 36
Cuadro III-3: Producción mundial de minerales de hierro (contenido metálico) en 1964 38
Cuadro III-4: Industrias extractivas diversas: producción en 1964 39
Cuadro III-5: Industrias extractivas diversas: producción en 1964 40

Cuadro III-6: Industrias extractivas diversas: producción en 1964 41
Cuadro III-7: Industrias extractivas diversas: producción en 1964 42

CAPÍTULO IV: INDUSTRIA MANUFACTURERA 46

Cuadro IV-1: Índice de las industrias manufactureras del mundo, excepto de los países socialistas de Asia 46
Cuadro IV-2: Consumo industrial de caucho natural en 1964 47
cuadro IV-3: A. Telares de algodón, número instalado en 1964. B. Consumo industrial de algodón en 1964 49
Cuadro IV-4: Producciones industriales diversas 50
Cuadro IV-5: Consumo industrial de estaño en 1964 51
Cuadro IV-6: Producciones industriales diversas en 1964 52

CAPÍTULO V: COMERCIO Y TRANSPORTES 57

1. Evolución global del comercio 57

Cuadro V-1: Exportaciones mundiales por grupos de países y por orígenes y destinos: FOB 58
Cuadro V-2: Importancia relativa del comercio exterior (1964) 61

2. Las corrientes comerciales 64

Cuadro V-3: Intercambio entre el Tercer Mundo y los países capitalistas evolucionados: por grandes regiones 65

3. La composición del comercio 68

Cuadro V-4: Composición de las importaciones y de las exportaciones del Tercer Mundo y de los países capitalistas evolucionados, como porcentaje del total 69
Cuadro V-5: Parte correspondiente a la agricultura en las exportaciones: 1964 72

4. La relación de precios del intercambio 73

Cuadro V-6: A. Índice del valor unitario de las exportaciones. B. Relación de precios del intercambio 75
Cuadro V-7: A. Índices de precios de la exportación. B. Índices de precios de los productos manufacturados 77

5. Los transportes marítimos 79

Cuadro V-8: Flota mercante: 1965 80

6. Concepciones críticas y síntesis 82

Cuadro v-9: Evolución de la producción de algunas materias primas y parte correspondiente al Tercer Mundo: 1948-1964 92

CAPÍTULO VI: MOVIMIENTOS DE CAPITALES: LA AYUDA AL TERCER MUNDO 97

1. La ayuda al Tercer Mundo 97

Cuadro vi-1: Ayuda al Tercer Mundo. Monto total neto de las aportaciones a los países menos desarrollados, 1960-65 98
Cuadro vi-2: Distribución geográfica de los recursos financieros puestos a disposición de los países menos desarrollados y del Tercer Mundo (1960-1964) 104

2. Las inversiones privadas norteamericanas 106

Cuadro vi-3: Inversiones privadas directas de Estados Unidos en el extranjero: valor e ingresos repatriados 108

3. Las corrientes inversas de capitales 112

Cuadro vi-4: Ingresos de las inversiones extranjeras transferidos por los países del Tercer Mundo en 1964 113
Cuadro vi-5: A. Pagos por concepto de servicio de la deuda exterior pública o garantizada por el Estado de 97 países en desarrollo (estimación). B. Total al 31 de diciembre de 1965 de la deuda exterior pública o garantizada por el Estado, sin amortizar (contando las cantidades no desembolsadas) de 97 países en desarrollo 118

CAPÍTULO VII: PERSPECTIVAS 121

SEGUNDA PARTE: FICHAS ECONÓMICAS SIGNALÉTICAS POR PRINCIPALES PAÍSES 133

Cuba, 137; Checoslovaquia, 138; Polonia, 139; República Democrática Alemana, 140; Rumania, 141; Unión Soviética, 142

PAÍSES CAPITALITAS EVOLUCIONADOS 143

Estados Unidos, 143; Francia, 144; Japón, 145; Reino Unido, 146; República Federal Alemana, 147

TERCER MUNDO: ÁFRICA 148

Angola, 148; Argelia, 149; Camerún, 150; Congo-Kinshasa, 151; Costa de Marfil, 152; Etiopía, 153; Ghana, 154; Guinea, 155; Kenia, 156; Marruecos, 157; Mozambique, 158; Nigeria, 159;

República Árabe Unida, 160; República Malgache (Madagascar), 161; Rodesia, 162; Senegal, 163; Sudáfrica, 164; Sudán, 165; Tanzania, 166; Túnez, 167; Uganda, 168; Zambia, 169

TERCER MUNDO: AMÉRICA LATINA 170

Argentina, 170; Bolivia, 171; Brasil, 172; Colombia, 173; Chile, 174; Ecuador, 175; Guatemala, 176; Haití, 177; México, 178; Perú, 179; República Dominicana, 180; Uruguay, 181; Venezuela, 182

TERCER MUNDO: ASIA 183

Arabia Saudita, 183; Birmania, 184; Cambodia, 185; Ceilán, 186; Corea del Sur, 187; Federación Malaya, 188; Filipinas, 189; India, 190; Indonesia, 191; Iraq, 192; Irán, 193; Paquistán, 194; Siria, 195; Tailandia, 196; Turquía, 197.

INTRODUCCIÓN

El amplio público que encontró mi obra anterior, *Le pillage du tiers monde,* tanto en la edición francesa como en algunas traducciones, es señal de que el tema tratado satisfizo una necesidad de conocimiento de gran número de interesados, a pesar de que la literatura acerca del tercer mundo es de por sí abundante. Pero me pareció que estudiar las relaciones económicas entre el tercer mundo y el conjunto de los países capitalistas evolucionados —considerando a ambos grupos como entidades globales— constituía, ya que no una investigación original, sí por lo menos la exploración de un camino poco trillado. Y cuando uno se lanza por tal camino, se siente la tentación natural de adentrarse lo más posible por él, y de agrandarlo para que sea más transitable.

Esto es lo que se propone la obra que ahora presento, que proviene de la anterior por descendencia directa. La investigación documental y estadística de ésta es más completa, pero contiene tantas cifras que he considerado mejor, para no estorbar la lectura, presentarlas casi todas en forma de cuadros de página entera al final de cada capítulo.

Igualmente el campo de investigación es más vasto. Al capítulo destinado a la agricultura se le ha hecho abarcar la ganadería y la pesca, y al dedicado al subsuelo abarcar los energéticos. Por otra parte, fiel al título, no me limito ya al cotejo de la economía del tercer mundo con la de los países capitalistas evolucionados, sino que, cada vez que es posible, tomo en cuenta también la de los países socialistas.

Sé que es esquemático y arbitrario, hasta cierto punto, considerar la economía de los países del tercer mundo como una entidad global. Pero sé también que, en mayor medida, esto coincide con una realidad esencial, pues más allá de las diferencias de naturaleza y de nivel de sus fuerzas productivas, los países subdesarrollados de Asia, África y América Latina presentan en común el carácter fundamental de economías complementarias de las de los países capitalistas desarrollados. La realidad profunda y común a todos es, indudablemente, la explotación de que son objeto. No obstante, procuro, de manera casi sistemática, diferenciarlas a lo largo de la obra, y poner de manifiesto la existencia de subgrupos, en los que los criterios geográficos corresponden aproximadamente a diversidades económicas. Por último, en una segunda parte ofrezco, en lo que respecta a seis países socialistas, a los cinco países capitalistas evolucionados más importantes y a unos cincuenta países del tercer mundo, elegidos entre los más característicos, una especie de ficha económica signalética que proporciona, para cada uno de ellos, indicadores sencillos, pero esenciales, que permiten hacer comparaciones.

Ya he indicado la filiación de la presente obra respecto de *Le pillage du tiers monde*. Pero, en mi opinión, el hijo no debe duplicar la obra del padre, sino continuarla y completarla. Por consiguiente, salvo en caso de necesidad, para fundamentar un argumento, procuraré no repetir lo que ya he dicho. A veces, pura y simplemente, remitiré al lector a la obra anterior.[1]

Esta obra echa mano, como ya he dicho, de muchas cifras. Casi todas han sido tomadas directamente de las publicaciones de los organismos internacionales y, a veces, de algunas estadísticas nacionales. Siempre se indica la fuente, con la mayor precisión posible, así como el año o el período a que se refieren. Este rigor, que es menos común de lo que se cree, me pareció indispensable. De tal modo, las conclusiones o perspectivas a que podré llegar, evidentemente discutibles por lo que respecta al razonamiento o a la hipótesis que me habrán conducido a ellas, no lo serán por lo que respecta a los datos cuantitativos que constituyeron su punto de partida.

Surge el problema de saber qué cifras deben elegirse. En principio, hay que tomar las más recientes. Sin embargo, no he creído conveniente sacrificarlo todo, y a toda costa, con tal de contar con la última cifra publicada. De todos modos, no hubiese podido hacerlo. Esta obra, en efecto, me exigió más de un año de trabajo, y la investigación estadística es previa a toda elaboración. Además, las cifras que presento son a menudo resultado de reagrupamientos, incluso de cálculos efectuados por el autor a partir de los datos de las diversas publicaciones oficiales. Así, pues, era materialmente imposible preparar la obra y después agregar en el último momento, antes de enviar el manuscrito al editor, las cifras más recientes precipitadamente extraídas de las publicaciones de última aparición. En pocas palabras, el resultado de todo esto es que, en buen número de casos, cuando aparezca esta obra, se habrán publicado ya cifras más actuales. Este desajuste no me parece insoportable. Por desgracia, se suma al hecho de que las publicaciones de las que se han tomado publican, cuando aparecen, cifras que a menudo datan de dos años antes,[2] pero no he podido hacer nada para evitar esto y

1. Reeditado en la "Petite collection Maspero", 1957.

2. Tal es el caso, sobre todo, de los anuarios de las Naciones Unidas, que aparecen, por lo general, a mitad del año siguiente de aquel al que se refieren y dan, en el mejor de los casos, cifras que se refieren al año inmediatamente anterior al indicado.

no creo que dichas publicaciones puedan hacerlo tampoco. En resumidas cuentas, es mejor contar con cifras de tres años de antigüedad, elaboradas y reagrupadas de manera que sean lo más significativas posibles que con cifras más recientes, pero presentadas un poco a la buena de Dios.

Además, si a menudo, a través de una serie de cifras, proporcionamos la fotografía instantánea de una determinada situación, en un determinado momento, he procurado siempre no presentar esta fotografía más que como la última imagen de una película que se desarrolló a lo largo de cinco, diez o quince años, según el caso, así como volver a trazar la evolución habida ya sea mediante índices, a través de porcentajes, o mediante las cifras mismas de la producción, los intercambios, las corrientes de capitales correspondientes en diversas épocas. Lo que más importa es el movimiento revelador de una tendencia. Y, dicho sea de paso, cuando se va descubriendo una tendencia continua a lo largo de varios años, importa menos que el último punto se haya observado en 1964 en vez de 1965, o en 1965 en vez de 1966.

SIGLAS UTILIZADAS

AELC : Asociación Europea de Libre Comercio.
BIRF : (o también Banco Mundial) = Banco Internacional de Reconstrucción y Fomento.
CAD : Comité de Asistencia al Desarrollo (organismo de la OCED).
CECA : Comunidad Europea del Carbón y del Acero.
CEE : Comunidad Económica Europea.
CNCE : Centre National du Commerce Exterieur (Francia).
UNCTAD : Conferencia de las Naciones Unidas sobre Comercio y Desarrollo.
COFADE : Compagnie Française d'Assurance pour le Commerce Exterieur.
FAO : Organización de las Naciones Unidas para la Alimentación y la Agricultura.
FMI : Fondo Monetario Internacional.
OCED : Organización de Cooperación Económica y Desarrollo.

PRIMERA PARTE

DATOS BÁSICOS

Antes de entrar verdaderamente en detalles, será conveniente presentar algunos indicadores de conjunto que permitan abordar en principio el tema.

En primer lugar, ¿qué países incluyo bajo el término de "tercer mundo"? En mi opinión el mundo se divide, fundamentalmente, en dos grandes conjuntos: el de los países del sistema capitalista y el de los países del sistema socialista. Pero se reconoce comúnmente que el primer conjunto comprende, a la vez, a países desarrollados y dominantes, y a países subdesarrollados y dominados, entre los cuales media un abismo. Es la masa de los países subdesarrollados y dominados, comprendidos en el sistema capitalista, la que se designa con la expresión común de "países subdesarrollados de Asia, África y América Latina". Y a ésta el hombre de cualquier parte del mundo, adoptando un término que se ha popularizado, le pone la etiqueta de "tercer mundo".

Los expertos de las Naciones Unidas hacen las mismas distinciones que yo cuando dividen el mundo en "países de economía centralmente planificada" (socialistas) y "países de economía de mercado" (capitalistas), en tanto que estos últimos se dividen a su vez en "países desarrollados de economía de mercado" y "países en desarrollo de economía de mercado". Así, pues, si mi clasificación no tiene nada de original por lo que toca a sus fundamentos, las fronteras que establezco entre los grupos, en cambio, no son exactamente las que otros reconocen. Las mías son:

Países del sistema socialista:
Unión Soviética, otras democracias populares europeas, incluso Yugoslavia, y China, Mongolia, Corea del Norte, Vietnam del Norte y Cuba.

Países del sistema capitalista:

a] *países capitalistas evolucionados:*
Estados Unidos, Canadá, Europa (excepto Unión Soviética y las otras democracias populares), Japón, Israel, Australia y Nueva Zelandia.

b] *países capitalistas atrasados, o tercer mundo:*
América (excepto Estados Unidos, Canadá y Cuba), la totalidad

de África, Asia (excepto los países socialistas, Japón e Israel), y Oceanía (excepto Australia y Nueva Zelandia).

Los problemas de clasificación son siempre espinosos. Algunos se sorprenderán de que ningún país de África figure entre los países del sistema socialista. Pero no obstante la simpatía que pueda sentir por diversos estados de este continente, el socialismo, en mi opinión, es marxista y científico, y no puede ser africano o árabe. Por el contrario, a muchos les parecerá mal que mantenga a Yugoslavia dentro del grupo de países socialistas, y, a decir verdad, a mí mismo me parece mal. Pero ¿qué se puede hacer? Sería todavía peor colocarla en alguno de los otros dos grupos y sería ridículo formar un cuarto grupo. Y además, no nos apresuremos, la historia es larga y el pueblo yugoslavo quizá todavía no ha dicho su última palabra.

Hay otros casos: después de haber consultado a los miembros del Partido Obrero turco, se confirmó mi intención de incluir a Turquía (aunque sea miembro de la OCED) en el tercer mundo. Sin haber consultado al señor Vorster, mantengo igualmente a Sudáfrica en el tercer mundo, pues como una quinta parte de sus habitantes, que tiene un elevadísimo nivel de vida, no forma subjetivamente parte, en opinión de las otras cuatro quintas partes (que disfrutan de un ingreso de cinco a seis veces menor), de la estructura social del país, la cuestión no se podrá resolver de otra manera.[1]

Tal y como está constituido, quizá con algunas imperfecciones e indudablemente con algunos casos límite, mi tercer mundo se encuentra descrito, en relación al mundo y a los otros dos grupos de países, en población y superficie, en el cuadro I-1. Se extiende sobre el 51% de las tierras emergidas y sus habitantes, en 1965, representaban al 46.9% de la población mundial. Como la tasa de crecimiento demográfico es allí mucho más elevada que en el conjunto de los demás países, no está muy lejano el tiempo en que esta proporción ascienda al 50%. Por consiguiente, puede decirse de antemano que el tercer mundo representa la mitad del mundo, tanto en población como en extensión geográfica. Por su parte, la población de los países socialistas es, exactamente, un tercio de la población mundial, mientras que la de los países capitalistas evolucionados asciende apenas a la quinta parte.

El tercer mundo, que está muy poblado, tiene una población muy desigualmente distribuida. Cerca de dos tercios de sus habitantes son asiáticos, en tanto que en África no vive más que la quinta parte,

1. Es, sin embargo, en sentido inverso como la clasifican los documentos de las Naciones Unidas, y Sudáfrica es la única diferencia notable entre mi "tercer mundo" y los "países en desarrollo de economía de mercado" de la ONU. Lo recuerdo, cuando hay necesidad de hacerlo, en los cuadros estadísticos.

CUADRO I-1
POBLACIÓN Y TERRITORIO EN 1965

	Millones de habitantes	*Tasa estimada de incremento anual*	*Superficie en miles de km²*	*Densidad de población por km²*
MUNDO	3 285	1.8	135 773	24
Países socialistas:				
De Europa	122	1.0	1 273	95
Unión Soviética	231	1.5	22 402	10
China	700	1.5	9 561	72
Corea del Norte	12	3.0	121	98
Vietnam del Norte	19	3.4	159	120
Mongolia	1	2.9	1 535	1
Cuba	8	2.1	115	70
	1 093 (33.3%)		35 166 (26%)	
Países capitalistas evolucionados:				
Estados Unidos y Canadá	214	1.6	19 340	11
Europa (excepto países socialistas)	322	0.9	3 656	88
Japón	98	1.0	370	265
Israel	3	3.6	21	130
Australia y Nueva Zelandia	14	2.1	7 955	2
	651 (19.8%)		31 342 (23%)	
Países del tercer mundo:				
América (excepto Estados Unidos, Canadá y Cuba)	235	3.0	22 608	10
África	310	2.5	30 258	10
Asia (excepto Japón, Israel y los países solistas)[1]	992	2.4	15 844	63
Oceanía (excepto Australia y Nueva Zelandia)	4	2.8	555	7
	1 541 (46.9%)		69 265 (51%)	

[1] Incluye Turquía.

FUENTES: ONU, *Anuario estadístico, 1965,* cuadros 2 y 19.
ONU, *Anuario demográfico, 1965,* cuadros 1 y 3.

y en América Latina el 15%. Aunque grandes porciones del tercer mundo están subpobladas, el sureste asiático, en cambio, está superpoblado. La India, no obstante ser inmensa, tiene una densidad de población que asciende a 165 habitantes por km².

Todo el mundo sabe (y esto constituye uno de los elementos de su definición) que el tercer mundo está subdesarrollado económicamente.[2] ¿En qué medida? Mientras se llega a los capítulos especializados, que permitirán estudiar más de cerca los problemas, en el cuadro I-2 se presentan algunas indicaciones más o menos precisas del grado de desarrollo económico.

El nivel del ingreso nacional por habitante (medido en dólares) no es sino una burda aproximación, con excepción de los países capitalistas evolucionados. Los resultados son a veces sorprendentes, inclusive en lo que concierne a los países socialistas, lo cual es consecuencia, sobre todo, de tipos de cambio más o menos arbitrarios y de que se tome en consideración, en el caso de los países socialistas, no el ingreso nacional, sino el "producto material neto". Por lo que toca a los países del tercer mundo, resulta sin duda un poco aventurado, por más cuidado que se haya puesto en su elección, encomendar a cinco países solamente la tarea de dar la medida de un continente. Pero, no obstante estas reservas, estas cifras proporcionan una imagen suficiente y vívida de la distancia que separa a los tres grupos de países desde el punto de vista del ingreso por habitante. Así, pues, basta recordar, simplemente, que los habitantes de los países socialistas (con excepción de los de Asia) disponen de un ingreso inferior en aproximadamente un tercio al de los habitantes de los países capitalistas evolucionados. Por lo que respecta a los habitantes de los países del tercer mundo asiático o africano, su ingreso individual representa, aproximadamente, la décima o la undécima parte del de los habitantes de los países capitalistas avanzados, y el de los latinoamericanos, la quinta parte. Tampoco hay que perder de vista que estas medidas nacionales no dan idea de las desigualdades internas. Éstas, que no son muy notables en los países socialistas, son en cambio muy importantes en algunos países del tercer mundo, en los que se ha constituido ya una burguesía de millonarios, que vive al lado de una masa miserable cuyo ingreso nacional medio

2. He reaccionado ya (véase *Le pillage du tiers monde,* Introducción) contra la expresión "tiers monde". Charles Bettelheim ha reaccionado por su parte, y de manera muy persuasiva, contra el término de "países subdesarrollados" (véase *Planification et croissance accélerée,* cap. 3, Petite collection Maspero, 1967). Pero algunos vocablos, aunque sean inadecuados e inclusive engañosos, se emplean de manera tan universal que resulta imposible evitarlos. No obstante, sigo desaprobando el primero y estoy de acuerdo con la crítica que Charles Bettelheim hace del segundo.

CUADRO I-2
INDICADORES DE DESARROLLO ECONÓMICO

	Ingreso nacional por habitante en dólares[1]	Consumo por habitante en 1964: Energéticos, en kg de hulla o su equivalente	Consumo por habitante en 1964: Acero en kg
Estados Unidos	1964 : 2 700	8 772	615
Reino Unido	1964 : 1 365	5 079	438
Alemania Federal	1964 : 1 415	4 230	579
Francia	1964 : 1 370	2 933	356
Italia	1964 : 760	1 659	221
Suecia	1964 : 2 025	4 320	623
Promedio del grupo[2]	1 605	4 500	470
Unión Soviética	1964 : 890	3 430	355
República Democrática Alemana	1964 : 1 205	5 569	424
Checoslovaquia	1964 : 1 685	5 789	498
Hungría	1964 : 1 445	2 824	224
Bulgaria	1964 : 650	2 410	124
Cuba	1964 : 575	931	29
Promedio del grupo[2]	1 075	3 490	275
Paquistán	1963 : 80	86	11
India	1963 : 80	161	16
Federación Malaya	1963 : 235	373	43
Tailandia	1963 : 95	106	13
Irak	1963 : 210	666	28
Promedio del grupo[2]	140	280	22
RAU	1961 : 130	321	24
Marruecos	1964 : 170	149	16
Zambia	1964 : 195	431	22
Nigeria	1962 : 90	38	6
Ghana	1964 : 250	120	11
Promedio del grupo[2]	165	210	16
Perú	1964 : 235	602	24
Argentina	1964 : 685	1 242	93
Brasil	1960 : 130	364	43
Chile	1964 : 445	1 078	74
Colombia	1963 : 230	494	31
Promedio del grupo[2]	345	755	53

[1] Cifras calculadas por el autor, con los datos y tipos de cambio proporcionados por el *Anuario estadístico* de la ONU. Para los países socialistas, salvo Cuba, se trata del producto material neto a precios de mercado y las conversiones se han hecho conforme a la "cotización de base".

[2] Todos los promedios son medias aritméticas.

FUENTE: ONU, *Anuario estadístico, 1965,* diversos cuadros.

CUADRO I-3
INDICADORES DE DESARROLLO SOCIAL

	Número de habitantes por:				
	médico 1960-63	*maestro 1963-64*	*alumno inscrito 1963-64*	*libro editado 1964* [1]	*radiorre-ceptor 1962-1964*
Estados Unidos	690	88	3.7	6 753	1.00
Reino Unido	840	135	5.8	2 077	3.39
Alemania Federal	670	158	6.1	2 226	3.21
Francia	870	112	4.5	3 585	3.23
Italia	610	103	5.9	5 682	4.91
Suecia	960	93	5.4	1 161	2.60
Promedios del grupo	775	115	5.2	3 580	3.05
Unión Soviética	510	118	4.4	2 910	3.15
República Democrática Alemana	?	113	4.7	2 862	2.78
Checoslovaquia	570	95	4.4	1 648	3.80
Hungría	650	110	5.1	2 108	4.05
Bulgaria	620	93	4.2	2 367	4.16
Cuba	1 200	141	4.7	14 120	?
Promedio del grupo (sin Cuba)	710 (587)	112	4.6	4.336 (2 380)	3.59
Paquistán	7 000	383	11.3	65 000	183
India	5 800	?	8.3	35 920	110
Federación Malaya	10 500	144	5.3	18 280	20
Tailandia	7 600	193	6.1	7 245	?
Irak	4 800	164	6 2	24 179	10
Promedio del grupo	7 140	221	7.4	30 120	81
RAU	2 500	215	7.0	10 870	13
Marruecos	9 700	375 [2]	11.0 [2]	?	20
Zambia	8 900	?	9.5	?	300
Nigeria	34 000	509	17.4	213 700	94
Ghana	12 000	208	6.1	34 080	13.5
Promedio de grupo	13 420	327	10.2	86 220	88
Perú	2 200	149	4.9	11 900	5.5
Argentina	670	89	5.4	6 635	3.6
Brasil	2 700	170	7.0	14 910	10.5
Chile	1 800	?	4.9	5 380	5.4
Colombia	2 000	181	6.7	?	5.5
Promedio del grupo	1 875	147	5.8	9 706	6.1

[1] Producción en número de títulos.
[2] Enseñanza pública únicamente.
FUENTE: ONU, *Anuario estadístico, 1965,* diversos cuadros.

sólo da una idea imperfecta de su triste nivel de vida (India, países latinoamericanos).

Por todas estas razones, concedo más valor a las cifras, por lo demás más exactas, que expresan el consumo medio por habitante de energéticos y de acero. Éstas constituyen una medida bastante segura del grado de industrialización y, por lo tanto, del grado del desarrollo. Desde este punto de vista, los países africanos del tercer mundo parecen estar aterradoramente atrasados, seguidos de cerca por los países asiáticos. Sus niveles más o menos semejantes nos muestran que, en conjunto, no han recorrido más que cerca de la vigésima parte del camino transitado, en estas esferas de actividad económica, por los países capitalistas evolucionados. La situación es evidentemente mejor en los países de América Latina, aun cuando éstos no hayan alcanzado más que la sexta parte (energéticos) o la novena parte (acero) del nivel en el cual se sitúan los países capitalistas avanzados.

Se podría creer que el desarrollo social no es más que la proyección, en otro dominio, del desarrollo económico. Los indicadores que aparecen en el cuadro I-3 muestran que es preciso hacer distinciones. Obsérvese en primer lugar que, con excepción de la difusión de los aparatos radiorreceptores, los países socialistas de Europa van adelante, a este respecto, de los países capitalistas evolucionados, lo cual no hace sino reflejar la falta de identidad entre los objetivos de uno y otro sistema. Pero se observará igualmente que si los países del tercer mundo de Asia y de África tienen un atraso considerable, respecto de los países capitalistas evolucionados, en los campos de la medicina, de la radiodifusión y de la producción de libros, el conjunto de los países del tercer mundo está mucho menos rezagado en lo que respecta a la enseñanza (columnas 2 y 3)). Sin duda, las cifras brutas ofrecidas no nos proporcionan más que medidas cuantitativas, y es de todos sabido que la calidad de la enseñanza deja muchísimo que desear en la mayoría de los países del tercer mundo. Esto se ve, por lo demás, si se comparan los datos de las columnas 2 y 3, lo cual permite ver que la situación de estos países es más favorable desde el punto de vista del número de alumnos inscritos que del de los maestros, lo que da a entener que los grupos son demasiado numerosos o que un mismo maestro tiene que atender, a veces, dos grupos, a medio tiempo. No obstante, es verdad que la mayoría de los países del tercer mundo han llevado a cabo un esfuerzo prioritario y meritorio en favor de la enseñanza, y esto es preciso subrayarlo.

Este esfuerzo se ha realizado a partir de una insuficiencia de medios de la que da idea el nivel total del producto interno bruto:

PIB AL COSTO DE LOS FACTORES

	1958		1963		1965 (estimado)	
	Miles de millones de dólares	*%*	*Miles de millones de dólares*	*%*	*Miles de millones de dólares*	*%*
PIB países socialistas (estimación)	361	27.8	520	28.9	580	29
PIB países capitalistas evolucionados	783	60.2	1 073	59.6	1 190	59.5
Estados Unidos	413		540		590	
PIB tercer mundo	156	12.0	207	11.5	230	11.5
América Latina	52		68.5		77	
Sureste de Asia y Oceanía	61.5		79		86	
Medio Oriente	11		15		17	
África	31.5		44.5		50	
PIB del mundo	1 300	100	1 800	100	2 000	100

Las cifras de este cuadro que conciernen a los países capitalistas evolucionados y al tercer mundo, en 1958 y 1963, son simplemente extractos del *Anuario estadístico de cuentas nacionales, 1965* (cuadro 9 B). Por consiguiente, se les puede considerar relativamente exactas. Las cifras de los países socialistas son, en cambio, estimaciones que encierran un margen de error debido, sobre todo: a] al hecho de que el "producto material neto" de estos países no corresponde, en sus componentes, al PIB de los países capitalistas y ha sido necesario hacer ajustes; b] a las dificultades que representa estimar, después de 1958, el PIB de China, por falta de datos seguros. Por último, las cifras de 1965 son, para todos los países, estimaciones que se han calculado a partir de las cifras de 1963, aumentadas en función de las tasas de crecimiento mencionadas en diversos documentos oficiales. En resumidas cuentas, yo mismo considero que, por lo que toca a 1965, las indicaciones del cuadro expresan con bastante exactitud la realidad de los países capitalistas evolucionados y de los del tercer mundo, y que son más inexactas en lo que respecta al grupo de países socialistas. En su conjunto, el cuadro proporciona una idea suficientemente aproximada del peso económico absoluto y relativo de cada uno de los tres grupos de países considerados, y una apreciación considerablemente exacta de la relación de fuerzas, en este plano, entre el tercer mundo y el conjunto de los países capitalistas evolucionados.

Se tiene que, en 1965, cerca de la mitad de los habitantes del globo (el tercer mundo) no participó en el PIB mundial más que con el 11.5% de su monto, mientras que una quinta parte de los habitantes del mundo (los países capitalistas avanzados) aportaron alrededor del 60%. Seiscientos cincuenta millones de individuos producen cinco veces más riquezas que mil quinientos cincuenta millones de seres. El PIB de Estados Unidos (alrededor de 195 millones de habitantes) es más de dos veces y media superior al de todas las naciones subdesarrolladas de Asia, África y América Latina, que tienen un número de habitantes ocho veces mayor. Así pues, la medida que parece ser hasta ahora la más exacta, a pesar de algunas imperfecciones, y la de mayor significación, por razón de su alcance general, es la que proporciona también la imagen más despiadada de la desigualdad que existe en nuestro mundo.

También hay desigualdad en el interior del tercer mundo, es decir, hay desigualdad en la miseria. América Latina parece ser la relativamente menos miserable, con un PIB de 77 000 millones de dólares para 275 millones de habitantes. Dos veces más miserable es África, con un PIB de 50 000 millones de dólares para 310 millones de habitantes. Pero ¿qué habremos de decir del Asia subdesarrollada, que no tiene más de 103 000 millones de dólares de PIB para cerca de mil millones de habitantes?[3]

Vale la pena observar, de paso, que si el PIB del tercer mundo aumentó en valor absoluto entre 1958 y 1965, en cambio disminuyó en su participación en el total mundial del 12.0 al 11.5 por ciento. En el cuadro I-4 se ofrece la evolución del índice de crecimiento del producto interno bruto, por grupos de países, así como la tasa de crecimiento anual del mismo, para el período que va de 1950 a 1964-1965. Se encuentra allí la confirmación de que el crecimiento económico durante estos quince años ha sido mucho más acelerado en los países socialistas de Europa que en los países capitalistas evolucionados, y que ha sido, para el conjunto del período y en cifras globales, notablemente similar en estos últimos países y en los del tercer mundo. La parte B de este cuadro, sin embargo, muestra que el crecimiento no ha sido uniforme. Mientras que, por ejemplo, los países capitalistas avanzados han experimentado un crecimiento más rápido en los años más recientes, lo contrario es lo que ha ocurrido en los países del tercer mundo. Así pues, el tercer mundo manifiesta, comparado sobre todo con los países evolucionados del mismo sistema capitalista, no sólo un retraso económico de magnitud verdaderamente espantosa, sino que además las diversas cifras recogidas coinciden en mostrar que este retraso se ha ido agravando en años recientes, y que, sobre todo, se

3. K. S. Sundara Rajan en el número de diciembre de 1966 de *Finanzas y Desarrollo,* revista del FMI y del Banco Mundial observa, por su parte, que el PIB de los países subdesarrollados de Asia es igual, por habitante, a la cuadragésima parte del de Estados Unidos, y que "el *aumento* de bienes y servicios puesto a disposición del norteamericano medio rebasa, en un solo año, el doble del *total* de los bienes y servicios de que dispone el asiático medio".

CUADRO I-4

A. ÍNDICE DEL PRODUCTO INTERNO BRUTO, EXCEPTO SERVICIOS (1958 = 100)

	Índice del PIB *total*			*Índice* PIB *por habitante*		
	1950	*1965*	*Diferencia*	*1950*	*1965*	*Diferencia*
MUNDO	68	146	78	78	128	50
Unión Soviética y Europa oriental	49	160	111	55	146	91
Países desarrollados (con Sudáfrica)	75	141	66	82	129	47
Estados Unidos y Canadá	78	137	59	90	123	33
CEE	65	144	79	70	133	63
AELC	82	133	51	85	126	41
Países en desarrollo	70	137	67	82	116	34
América Latina	67	139	72	83	114	31
Asia del Sur y del Este	74	134	60	86	114	28

FUENTE: ONU, *Anuario estadístico 1966,* cuadro 4.

B. TASA DE CRECIMIENTO ANUAL DEL PRODUCTO INTERNO BRUTO
Al costo de los factores a precios constantes (en %)

	PIB *total*			PIB *por habitante*		
	período 1950/60	*período 1960/63*	*período 1960/64*	*período 1950/60*	*período 1960/63*	*período 1960/64*
MUNDO	5.3		4.9	3.5		3.0
Unión Soviética y Europa oriental [1]	10.0		5.9	8.4		4.6
Países desarrollados	4.0		4.7	2.8		3.5
Países en desarrollo	4.6	4.1	(4.3)	2.7	1.9	(2.1)

[1] PIB a precios del mercado (a precios constantes), excluidos los servicios.
FUENTE: ONU, *Anuario estadístico de cuentas nacionales, 1965,* cuadro 4 B.

agrava en proporción dramática desde el punto de vista del crecimiento por habitante. Además las cifras aisladas más recientes de que se ha dispuesto no permiten pensar que la tendencia se revierta.

Así, pues, hay que hacer una primera observación: la ola de independencias políticas, que barrió el tercer mundo después de la segunda guerra mundial, no ha provocado por el momento ninguna reducción de conjunto del retraso económico de estos países. No se plantean todavía las razones de este fenómeno, pues éstas quedarán de manifiesto cuando se hayan realizado investigaciones en los diversos dominios de la producción, de los intercambios de mercancías y de los movimientos de capital, a lo que se dedican los próximos capítulos.

CAPÍTULO II

PRODUCCIÓN AGRÍCOLA Y PESCA

El tercer mundo es un mundo campesino. En todas sus regiones prepondera la población agrícola de hecho, como muestran las cifras siguientes tomadas del *Anuario de producción 1965* de la FAO (cuadro 5 B), que indican, para los principales grupos de países, la proporción de la población agrícola como porcentaje de la población total:

MUNDO	52%
Unión Soviética	33%
Europa (excepto Unión Soviética)	23%
América del Norte	8%
América del Sur	45%
Asia (excepto China)	64%
China	65%
África	70%

Estas cifras corresponden a 1960, pero, en lo que respecta al tercer mundo por lo menos, dada la lentitud de la evolución entre las diferentes capas de la población, se las puede considerar como imágenes fieles de la realidad de nuestros días.

Se sentiría la tentación de deducir, de la importancia de la población agrícola en el tercer mundo, que la producción agrícola debe ser, si no dominante, por lo menos relativamente considerable. No hay tal. Las fichas por países, en la segunda parte de este libro, muestran que en casi todos los países del tercer mundo la porción que corresponde a la agricultura en el producto interno bruto no guarda proporción con los porcentajes de población agrícola que acabamos de indicar. El desnivel, por término medio, alcanza una magnitud del orden del 20 al 25 por ciento. De esto se desprende que, a escala mundial, el tercer mundo participa en la producción agrícola de nuestro planeta con una proporción decepcionante.

Esta participación, que no fue posible encontrar en parte alguna, no se puede determinar fácilmente con exactitud. En cuadro 8 B del *Anuario estadístico de cuentas nacionales, 1965,* sin embargo, indica que la producción agrícola total del mundo no socialista se distribuía en 1958 de la siguiente manera:

Países desarrollados (incluso Sudáfrica)	55.1%
Países en desarrollo	44.9%

El índice de la producción agrícola, tomando como base 1958=100, era en 1963 de 112, por lo que respecta al primer grupo de países (y de 116 en 1964), mientras que era de 114 por lo que respecta al segundo, lo que permite calcular muy razonablemente que en 1963-64, el tercer mundo (volviendo a introducir a Sudáfrica) participaba en cerca del 47% de la producción agrícola del mundo no socialista.

Pero el mundo abarca también a los países socialistas. Los cálculos que he efectuado, a partir del PIB total de cada grupo de países y de la proporción que le corresponde a la agricultura, llevan a concluir que, en 1963-64, la parte correspondiente al tercer mundo de la producción agrícola mundial oscilaba en torno de 29 a 30% únicamente, y que el resto se distribuía, en proporciones casi iguales, entre los países socialistas y los países capitalistas evolucionados.

Ahora bien, hay que repetir que el tercer mundo agrupa cerca de la mitad de los habitantes del globo. Además, como su población agrícola es mucho más importante, proporcionalmente, que en los dos otros grupos de países (a pesar del 65% de población rural en los 700 millones de chinos), si los demás factores no cambiasen, el tercer mundo debería participar en la producción agrícola mundial en cerca del 60 por ciento. Así, pues, los otros factores sí cambian o, dicho de otra manera, la productividad de la agricultura en el tercer mundo es muy baja.

El cuadro II-1 (A) proporciona cifras que atestiguan las profundas desigualdades observadas, en 1964-65, en los rendimientos agrícolas por regiones geográficas. En primer lugar, se observa que, con excepción del algodón, los rendimientos agrícolas en la Unión Soviética son todavía muy inferiores a los resultados obtenidos en el resto de Europa y en América del Norte. Se observa que, en todos los casos, los rendimientos de América del Sur, de Asia y de África están muy alejados de los obtenidos por las agriculturas desarrolladas de Europa y de América del Norte. Las diferencias, que por lo demás son diversas de acuerdo a los variados cultivos del conjunto, son más moderadas entre estas regiones y América del Sur. Pero son considerables en lo que concierne a Asia y a África. Aproximadamente, son de uno a dos por lo que toca al arroz, el trigo, la papa, el cacahuate, de uno a dos y medio o a tres por lo que toca al maíz, el algodón y la cebada y de uno a cuatro o cinco en lo que respecta al mijo y al sorgo.

Una de las explicaciones de los bajos rendimientos agrícolas del tercer mundo se encuentra en la parte B del cuadro II-1, en el que se observa que, en 1964-65, el tercer mundo no utilizó más que el 17% de los abonos nitrogenados, el 10% de los abonos fosfatados y el 7% de los abonos potásicos consumidos en el mundo. Surge la pregunta de cuál es el milagro que hace que, con un consumo de

CUADRO II-1
A. RENDIMIENTOS AGRÍCOLAS (1964-1965)
(quintales por hectárea)

	Unión Soviética	*Europa, incluso países socialistas*	*América del Norte y del Centro*	*América del Sur*	*Asia*	*África*
Arroz (con cáscara)	24.3	46.5	32.2	15.3	18.3	17.8
Trigo	10.9	19.8	16.4	16.3	8.6	8.0
Cebada	13.1	26.8	18.7	12.3	9.6	6.7
Maíz	13.2 [1]	25.1	30.7	13.6	11.5	10.8
Mijo y sorgo	9.9	20.0	24.0	11.6	5.0	aprox. 6.0
Papa	110	168	192	70	102	68
Algodón (fibra)	7.3	4.1	6.0	2.0	1.9	2.6
Soya	——	15.0	15.4		7.1	
Cacahuate	——	16.7	15.7	12.9	8.9 [2]	8.7

[1] 1963-1964.
[2] en China: 12.2
FUENTE: FAO, *Anuario de la producción, 1965,* cuadros 18 a 70.

B. CONSUMO DE ABONOS (1964-1965)
(miles de toneladas)

	Nitrogenados	*Fosfatados*	*Potásicos*
América Latina	710	540	360
Cercano Oriente	410	140	20
Lejano Oriente (excepto Japón)	1 280	470	255
África (1963-1964)	200	220	180
Total tercer mundo	2 600	1 370	815
% del consumo	17%	10%	7%
MUNDO	15 500	13 300	11 200

FUENTE: FAO, *Anuario de la producción, 1965,* cuadros 109, 110 y 111.

abonos tan pobre, el tercer mundo, después de todo, pueda alcanzar los rendimientos y el nivel de producción ya señalado. Un informe del Comité de Asistencia al Desarrollo de la OCED, de principios de 1967, estima que el consumo de abonos en los países subdesarrollados tendrá que ser, en 1980, cinco veces mayor que en 1964-65 para simplemente asegurar el mantenimiento de una producción agrícola congruente con las necesidades de estos países. Esta demanda de fertilizantes exigiría un gasto anual de 500 000 millones de dólares en divisas,[1] o sea, una

1. *Le Monde,* París, 22 de abril de 1967.

suma igual al 50 o al 60 por ciento de la corriente actual de ayuda al tercer mundo, según las evaluaciones de ésta.

Si se pasa al campo de la ganadería, el cuadro II-2 proporciona también útiles términos de comparación. Se encuentra una sorpresa: en número de cabezas de ganado, el tercer mundo no se encuentra mal situado, puesto que en 1963-64 crió cerca del 60% de ganado bovino del mundo, el 52% del ganado ovino y caprino y el 24% del ganado porcino, cifra esta última cuya pequeñez se explica por la importancia de las poblaciones islámicas. Pero de rebaños tan importantes numéricamente, el tercer mundo, en 1964, no sacaba más que el 20% de la carne producida en el mundo y el 26% de la leche. Además, no producía más que el 21% de los huevos de gallina recogidos en los cinco continentes. Por último, aunque contaba con el 52% del ganado ovino, no aportó más que el 26%, en 1964, de la producción mundial de lana en bruto. Así pues, la subproductividad de esta ganadería es equivalente a la de la agricultura, o tal vez mayor. Si se observan las cifras con más detalle, se descubre que también en

CUADRO II-2
GANADERÍA

	Ganado - 1963/1964 (millones de cabezas)			*Productos - 1964 (miles de toneladas)*		
	bovino	*porcino*	*ovino y caprino*	*carne*	*leche*	*huevo de gallina*
Europa (incluso países socialistas)	116.4	115.6	146.4	17 900	135 600	4 890
Unión Soviética	85.4	40.9	139.6	7 400	63 100	1 450 (aprox.)
Estados Unidos y Canadá	118.3	61.5	32.8	16 000	65 800	4 120
América Latina	211.9	88.4	170.3	7 300	23 600	1 040
Cercano Oriente	33.2	0.1	176	1 300	12 700	290
Lejano Oriente (excepto China)	242.7	39.8	138.9	2 800	33 300	1 450
África	113.9	5.3	228.2	2 300	12 600	290 (1963)
Oceanía	26.1	2.5	216.5	2 600	12 700	190 (1963)
MUNDO	992.3	534	1 364.7 (de los cuales caprino: 356)	67 300	359 600	14 500
TERCER MUNDO % aproximado	60%	24%	52%	20%	23%	21%

FUENTE: FAO, *Anuario de la producción, 1965*, cuadros 76, 77, 87 A, 93, 99.

este campo América Latina está evidentemente más favorecida, al menos en lo que respecta a la producción de carne, que África y Asia.

Estando atrasada su agricultura y su ganadería y siendo muy poco productivas, por falta de técnicas y de medios, lo mismo que en virtud de estructuras agrarias inadecuadas, ¿disponen los países del tercer mundo, por lo menos, de reservas territoriales que ofrezcan posibilidades de expansión? El cuadro II-3 proporciona indicaciones que per-

CUADRO II-3
UTILIZACIÓN DE LAS TIERRAS (1964)
(millones de hectáreas)

		Superficie agrícola			
	Superficie total	*Tierras labrantías y cultivos permanentes*	*Praderas y pastos permanentes*	*Bosques*	*Todas las demás superficies*
Europa	493	152	90	137	114
%	100	31%	18%	28%	23%
		49%			
América del Norte (Estados Unidos, Canadá, Groenlandia)	2 152 (Gr.: 218)	227	277	745	903
%	100	10%	13%	35%	42%
		23%			
América Latina	2 053	96	415	987	555
%	100	5%	20%	49%	26%
		25%			
Cercano Oriente	993	85	86	128	694
%	100	9%	9%	13%	69%
		18%			
Lejano Oriente	1 314	275	154	413	472
%	100	21%	12%	31%	36%
		33%			
África	2 496	248	603	659	986
%	100	10%	24%	26%	40%
		34%			

FUENTE: FAO, *Anuario de la producción, 1965,* cuadro I.

miten pensar que todavía es posible efectuar desmontes, nuevas aperturas de tierras al cultivo. Pero esto corresponde más a la geografía o a la agronomía que a la economía, y por tanto se dejará que sean otros los que dictaminen al respecto.

Débil a escala mundial y escasamente productiva, como se ha visto, ¿la agricultura de los países del tercer mundo habrá intentado, por lo menos, cerrar el abismo que la separa de la de los países desarrollados? La respuesta se encuentra en el cuadro II-4, cuyas partes A y B, aunque utilicen los mismos índices, proporcionan cifras que no se traslapan totalmente, porque ni las bases ni los períodos estudiados

CUADRO II-4
A. ÍNDICE DE PRODUCCIÓN AGRÍCOLA POR REGIONES
(promedio 1952-53 — 1956-57 = 100)

	Todas las producciones agrícolas				*Producciones alimenticias*			
	total		*por hab.*		*total*		*por hab.*	
	1952-1953	*1964-1965*	*1952-1953*	*1964-1965*	*1952-1953*	*1964-1965*	*1952-1953*	*1964-1965*
Europa occidental	94	126	95	116	94	127	95	116
América del Norte	99	116	103	98	99	118	103	100
Europa oriental (excepto Unión Soviética)	89	144	92	125	90	146	93	127
América Latina	95	129	100	99	93	130	99	101
Lejano Oriente (excepto China)	91	129	95	104	91	129	94	104
Cercano Oriente	94	136	99	106	93	131	98	102
África	94	128	98	99	94	124	99	96
Conjunto de las regiones anteriores	94	129	98	106	94	129	98	106

FUENTE: FAO, *Anuario de la producción, 1965,* cuadros 7 y 8.

B. ÍNDICE DE LA PRODUCCIÓN AGRÍCOLA EN 1964
(base: 1958 = 100)

	Índice de la producción agrícola total		*Índice por habitante*	
Europa occidental	116		109	
Estados Unidos y Canadá	109		100	
América Latina	110	media aritmética 114	93	media aritmética 98
Lejano Oriente (excepto China)	115		101	
Cercano Oriente	115		99	
África	117		100	

FUENTE: ONU, *Anuario estadístico, 1965,* cuadros 5 y 6.

concuerdan exactamente. La parte B, un poco más elocuente, llega a cifras ligeramente más desalentadoras que la parte A. Como se aplica a un período de menor amplitud y como toma como base un año más reciente, hay que concluir que la expansión de la agricultura en el tercer mundo ha sido menos veloz en 1958-1964 que en el transcurso de los años anteriores.

Sea como fuere, y aun tomando la precaución de no conceder un valor rigurosamente absoluto a las cifras mencionadas, es cierto que entre 1958 y 1964 la producción agrícola total del tercer mundo, aunque haya aumentado más que en Estados Unidos y en Canadá, se ha desarrollado, en cambio, en menor medida que en Europa occidental. Pero, durante el mismo período, mientras que la producción por habitante se ha mantenido en Estados Unidos/Canadá y ha aumentado en un 9% en Europa occidental, ha bajado ligeramente en lo que respecto al conjunto del tercer mundo (98 contra 100).

Pero hay que advertir que se trata del conjunto de la producción agrícola. El cuadro II-4 (A), que distingue entre este conjunto, por una parte, y las producciones de alimentos, por otra, registra en lo tocante a estos últimos, en el tercer mundo, aumentos de producción por habitante sensiblemente iguales (América Latina, Lejano Oriente) o notablemente inferiores (Cercano Oriente, África) a los del conjunto. Por su parte, el estudio de la FAO, *La situación mundial de la alimentación y de la agricultura, 1965,* observa que durante el último decenio la producción alimenticia ha aumentado "a un ritmo mucho más rápido" que la producción no alimenticia en las regiones desarrolladas, "mientras que la tendencia inversa se ha observado en las regiones en vías de desarrollo" (p. 26).

Pero, a mi juicio, la verdadera distinción que hay que hacer es la que procuraría comparar las producciones agrícolas destinadas principalmente a la exportación con las que se reservan al consumo local, pues algunas producciones alimenticias están orientadas con prioridad, o fuertemente, hacia los mercados exteriores. Por tanto, he calculado, por lo que respecta a siete grandes productos agrícolas de exportación, alimentos o materias primas, el aumento de la producción registrado en el tercer mundo entre 1956 y 1964.

Café	40%	Cacahuate	43%
Té	28%	Algodón (fibra)	43%
Cacao	70%	Caucho natural	18.5%
Plátano	46%		

Se trata de artículos (con excepción del algodón) cuyo productor exclusivo, o casi exclusivo, es el tercer mundo y cuyos mercados de consumo o de utilización (con excepción del plátano, del que se exporta una cuarta parte de la producción) son, en su conjunto, los países capitalistas evolucionados. Ahora bien, con excepción del caucho natural, que se enfrenta a la competencia del caucho sintético, todos han experimentado tasas de crecimiento muy superiores, con mucho, a la registrada por el conjunto de la producción agrícola del tercer mundo. El aumento correspondiente a estos productos, medido como promedio simple reducido al período 1958-1964, es de 31%, es decir, superior en 2.2 veces al de la producción agrícola total durante ese mismo tiempo. Evidentemente, no se trata más que de un sondeo mediante algunos productos importantes. Pero los resultados, por burdos que sean, son lo suficientemente elocuentes como para permitir la conclusión de que, en el estado actual de cosas, el motor principal de la expansión de la producción agrícola en el tercer mundo es la demanda de los países capitalistas desarrollados. En el *Estudio de la economía mundial, 1965* (segunda parte) de las Naciones Unidas, se puede leer que en África y Asia occidental "la agricultura con fines comerciales se ha desarrollado rápidamente en algunos casos, pero que una parte muy considerable de su producción ha estado constituida por cosechas destinadas a la exportación" (p. 135).

De esto resulta, por el contrario y necesariamente, que las producciones agrícolas de artículos de consumo local en el tercer mundo no se han desarrollado, en cifras globales, más que en una medida insignificante, o que no se han desarrollado en lo absoluto, y que, medidas por habitante, han retrocedido. Esto explica el aumento actual de las voces de alarma a propósito de la desnutrición y del hambre en los países del tercer mundo. Josué de Castro, antiguo presidente de la FAO, en un coloquio organizado en 1966, en París, por la Union Nationale des Coopératives Agricoles de Céréales, recordó que, "en nuestros días, uno de cada tres hombres no come más que un deportado a los campos de concentración, y que la pretendida pereza de los habitantes de los países pobres, en última instancia, se puede comparar al mal rendimiento de una máquina que no recibe combustible suficiente".[2] Los expertos de la OCED estiman que los países en desarrollo no pueden, en la actualidad, cubrir más que el 93% de sus necesidades de calorías[3] y Willard L. Thorp, presidente del Comité de Asistencia al Desarrollo (CAD) de este organismo, en su examen referido a 1966 de los *Efforts et politiques d'aide au développement*, escribió: "...nos vemos llevados a pensar que las disponibilidades alimenticias por habitante podrían todavía disminuir gravemente en el curso de los próximos años" (p. 87). Y añadió, coincidiendo con mi propio análisis del desarrollo diferenciado de los cultivos en el tercer mundo: "...la ayuda a la agricultura [es decir, la ayuda proporcionada por los países ricos] hasta ahora ha servido más a menudo para desarrollar produc-

2. *Le Monde,* París, 19 de mayo de 1966.
3. *Le Monde,* París, 22 de julio de 1966.

ciones destinadas a la exportación que la producción de artículos para el consumo local" (p. 90).

El informe de la FAO ya citado[4] que examina la manera en que podrá evolucionar el problema de la subalimentación en el tercer mundo en el transcurso de los próximos decenios, señala lo siguiente: "la población mundial, a fines de siglo, deberá oscilar entre 5 300 y 6 800 millones de individuos, siendo la cifra de 6 000 millones la más verosímil. De este total, cerca del 80% se encontrará en los países subalimentados en vías de desarrollo... sólo para no quedarse rezagados respecto del aumento demográfico previsto, sin que haya ninguna mejora del régimen alimenticio, se necesitaría que la cantidad total de alimentos disponibles casi se duplicase entre ahora y el año 2000, pero el nivel actual de alimentación en los países en vías de desarrollo es tan insuficiente que las necesidades reales son mucho mayores aún. Según las estimaciones de la tercera encuesta mundial de la FAO en materia de alimentación, del 10 al 15 por ciento de la población mundial está subalimentada, y la proporción de personas que pasan hambre, que sufren desnutrición o que experimentan ambas cosas a la vez, asciende al 50 por ciento. Este estudio establece, para el combate de la desnutrición, objetivos que obligarían a los países atrasados, de aquí a fines de siglo, a cuadruplicar el conjunto de sus existencias de alimentos y a multiplicar por seis sus existencias de productos de origen animal" (p. 8).

¿Se alcanzarán estos objetivos? B. R. Sen, director general de la FAO, no parece creerlo, puesto que en el Segundo Congreso Mundial de Población (septiembre de 1965) declaró que "las perspectivas son alarmantes" e indicó: "en algunas zonas de gran densidad demográfica es perfectamente posible que aparezcan hambres dentro de los cinco o diez próximos años".[5] El gran especialista francés de estos problemas, René Dumont, prevé hambres catastróficas en el tercer mundo alrededor del año de 1980.

Sin duda, para evitar estas hambres amenazadoras, "es a los países en desarrollo a los que incumbe, en primer lugar, aumentar su producción alimenticia", como señala el informe 1966 de la OCED[6] que coincide, sin tener, no obstante, la misma significación, con el "contar con las propias fuerzas", de los chinos. Y así es, porque no habría de corresponder al sistema imperialista invertir una situación que él mismo ha creado y mantenido, directamente o por medio de gobiernos dóciles, y que sirve a sus propios intereses. He señalado que mientras se estanca o retrocede la producción de artículos de consumo destinados a la alimentación local en el tercer mundo, las produc-

4. FAO, *La situación mundial de la alimentación y de la agricultura, 1965.*
5. *Le Monde,* París, 14 de septiembre de 1965.
6. *Efforts et politiques d'aide au développement.*

ciones destinadas a los países cuyos habitantes comen hasta hartarse progresan aceleradamente, y el presidente del CAD nos revela que la ayuda de los países ricos a los países pobres ha servido las más de las veces para desarrollar las producciones destinadas a los hartos que para aumentar las destinadas a los famélicos. El artículo ya citado termina con las frases siguientes: "de todas maneras, cuando se habla en los discursos oficiales de aumentar las transferencias de artículos alimenticios hacia el tercer mundo, no hay que perder de vista jamás la realidad económica: por el momento, los países de la OCED, los de Oceanía y Sudáfrica importan, entre todos, muchos más productos alimenticios de los países subdesarrollados que los que exportan hacia estos países (la diferencia es de 8 000 a 9 000 millones de francos, sin contar el té, el cacao y el café)".[7]

En los cuadros II-5 a II-10, se han indicado las producciones, por grupos de países y por países principales, de los principales productos

CUADRO II-5
PRODUCCIÓN DE ARROZ (CON CÁSCARA), 1964-1965
(*miles de toneladas*)

MUNDO	256 000
Unión Soviética y países socialistas de Europa	600
China (estimación)	81 000
Otros países socialistas de Asia	7 500
Total de países socialistas	89 000
Estados Unidos	3 320
Europa occidental	1 450
Japón	16 800
Australia	150
Total de países capitalistas evolucionados	21 700
India	58 100
Paquistán	17 800
Tailandia	9 600
Birmania	8 200
Vietnam del Sur	5 200
Filipinas	4 000
RAU	2 000
Madagascar	1 300
Total tercer mundo	145 330
% tercer mundo respecto del total mundial	57%
% tercer mundo respecto del total mundial sin los países socialistas	87%

FUENTE: FAO, *Anuario de la producción, 1965,* cuadro 21.

7. *Le Monde,* París, 22 de julio de 1966.

CUADRO II-6
A. PRODUCCIÓN DE CAFÉ EN 1964
(miles de toneladas)

América Latina	1 830
Brasil	600
Colombia	486
El Salvador	125
México	145
África	1 030
Costa de Marfil	202
Angola	192
Uganda	185
Asia	250
Indonesia	132
Total MUNDO	3 160
Total del tercer mundo	3 120
(Total MUNDO 1956)	(2 260)

FUENTE: ONU, *Anuario estadístico 1965,* cuadro 30.

B. PRODUCCIÓN DE TÉ EN 1964
(miles de toneladas)

MUNDO (excepto China y Unión Soviética)	870
MUNDO (excepto China y Unión Soviética en 1956)	(682)
(China, 1959)	(153)
(Unión Soviética, 1963)	(45)
Japón	83
India	372
Ceilán	218
Indonesia	45
Paquistán	28
Total del tercer mundo	787
% mundial excepto China y Unión Soviética	90%
% mundial (incluso China y Unión Soviétiva) aproximado	72-73%

FUENTE: ONU, *Anuario estadístico 1965,* cuadro 44.

agrícolas respecto de los cuales el tercer mundo ocupa, en escala mundial, una posición de exclusividad, una posición dominante o una posición muy importante. Se observa que el tercer mundo produce la totalidad, o casi la totalidad, de las cosechas mundiales de café, cacao, plátano, copra, yute y caucho natural; más del 70% de la producción mundial de té, cacahuate, maderas en rollo, con excepción de coníferas; cerca del 60% del arroz y más del 40% del algodón.

CUADRO II-7
A. PRODUCCIÓN DE CACAO EN 1964
(miles de toneladas)

África	1 195
Ghana	580
Nigeria	298
Costa de Marfil	147
Camerún	94
América Latina	305
Ecuador	50
México	30
República Dominicana	40
Asia y Oceanía	32
Total MUNDO = total del tercer mundo	1 530
(Total MUNDO = total del tercer mundo en 1956)	(900)

FUENTE: ONU, *Anuario estadístico 1965,* cuadro 29.

B. PRODUCCIÓN DE PLÁTANO, 1964-65
(miles de toneladas)

MUNDO	24 000
Países capitalistas evolucionados (España, Australia, etc.)	470
América Latina	16 130
Asia	6 160
África	1 200
Oceanía	40
Total del tercer mundo	23 530
% mundial	98%
Total del tercer mundo, promedio 1949-53	13 750

FUENTE: FAO, *Anuario de la producción, 1965,* cuadro 52.

De todos estos productos, salvo el arroz, y en grado intermedio el plátano, los destinatarios terminales casi exclusivos o principales son las fábricas o los mercados de los países capitalistas. El tercer mundo se aprieta el cinturón y cosecha para los demás.

Se observarán, igualmente, grandes concentraciones de la producción en el mayor número de casos: India y Ceilán producen por sí solos el 68% del té en el mundo; Ghana y Nigeria el 73% del cacao; Nigeria y Congo-Kinshasa el 50% de la copra; India y Paquistán el 65% del yute; Federación Malaya e Indonesia, el 65% del caucho; India, Nigeria y Senegal, el 50% del cacahuate. Se tienen aquí elementos especialmente favorables para llevar a cabo una estrategia co-

CUADRO II-8

A. PRODUCCIÓN DE CACAHUATE EN 1964
(miles de toneladas)

Estados Unidos	1 000
Europa occidental	20
Japón	130
Total de países capitalistas evolucionados	1 150
China	2 290
India	6 176
Indonesia	404
Birmania	376
Total países atrasados de Asia	7 250
Nigeria	1 252
Senegal	1 000
Total África	4 570
Brasil	668
Argentina	439
Total América Latina	1 300
MUNDO (excepto Unión Soviética)	16 700
Tercer mundo	13 120
% mundial (excepto Unión Soviética)	79%
% mundial (excepto los países socialistas)	91%
(total del tercer mundo 1956)	(9 200)

FUENTE: ONU, *Anuario estadístico 1965,* cuadro 33.

B. PRODUCCIÓN DE COPRA EN 1964
(miles de toneladas)

Nigeria	407
Congo-Kinshasa	122
Sierra Leona	53
Dahomey	50
Total MUNDO = total del tercer mundo salvo cantidades insignificantes	1 060
(total tercer mundo salvo cantidades insignificantes en 1956)	(1 040)

FUENTE: ONU, *Anuario estadístico 1965,* cuadro 39.

CUADRO II-9

A. PRODUCCIÓN DE ALGODÓN FIBRA EN 1964
(miles de toneladas)

Estados Unidos	3 305
Europa occidental	154
Total países capitalistas evolucionados	3 460
Unión Soviética	1 800
Democracias populares de Europa	25
Total de países socialistas (excepto China)	1 825
(China, 1959)	(2 410)
Brasil	580
México	550
Total América Latina	1 825
India (1963)	980
Paquistán	380
Turquía	326
Total países atrasados de Asia	2 180
RAU	504
Sudán	173
Total África	1 020
MUNDO	11 900
Tercer mundo	5 025
% mundial	42%
% mundial (excepto países socialistas)	59%
(total tercer mundo en 1956)	(3 520)

FUENTE: ONU, *Anuario estadístico 1965,* cuadro 31.

B. PRODUCCIÓN DE YUTE EN 1964-65
(miles de toneladas)

India	1 380
Paquistán	967
Tailandia	248
MUNDO = tercer mundo salvo cantidades insignificantes	3 110
(MUNDO, promedio 1948/49-1952/53)	(2 280)

FUENTE: FAO, *Anuario de la producción, 1965,* cuadro 73.

mún en los mercados mundiales, que requiere tan sólo de un mínimo de entendimiento y de espíritu de solidaridad.

Al borde de los océanos, en cerca de las tres cuartas partes de las costas útiles de nuestro planeta, los países marítimos del tercer mundo disponen de condiciones naturales privilegiadas para las actividades de pesca. El cuadro II-11 muestra que de más de 51 millones de toneladas de captura en el mundo en 1964, el tercer mundo, con más de 20 millones de toneladas, participa con un 39.5%. Pero esta cifra, la más elevada de las que se han encontrado y de las que se habrán de encontrar, tiene que corregirse en función del caso particular de

CUADRO II-10
A. PRODUCCIÓN DE CAUCHO NATURAL EN 1964
(miles de toneladas)

Federación Malaya	837
Indonesia	649
Tailandia	222
Ceilán	112
Total MUNDO = total del tercer mundo	2 275
(total MUNDO en 1956)	(1 920)

FUENTE: ONU, *Anuario estadístico 1965,* cuadro 49.

B. PRODUCCIÓN DE MADERA EN ROLLO, EXCEPTO DE CONÍFERAS RESINOSAS EN 1964
(millones de metros cúbicos)

Estados Unidos	80
Japón (estimación)	25
Europa occidental	93
Australia-Nueva Zelandia	15
Total de países capitalistas evolucionados	213
Unión Soviética (estimación)	60
Otros países socialistas de Europa	48
Total de países socialistas de Europa	108
África	201
América Latina	317
Asia (países atrasados)	253
Total del tercer mundo	771
MUNDO (excepto China, al parecer)	1 003
Tercer mundo, % mundial (excepto China)	77%

FUENTE: ONU, *Anuario estadístico 1965,* cuadro 48.

CUADRO II-11
PESCA (PESCA MARÍTIMA E INTERIOR)
(miles de toneladas en peso bruto)

	1956	*1964*
Unión Soviética	2 616	4 475
Otros países socialistas de Europa (aprox.)	300	650
China	2 640	—(1)
Otros países socialistas de Asia (aprox.)	480	760
Cuba	16	36
Total de países socialistas (aprox.)	6 050	11 860
Estados Unidos-Canadá	4 100	3 850
Noruega	2 187	1 608
España	762	1 197
Reino Unido	1 050	975
Irlanda	517	973
Dinamarca	463	871
Francia	624	780
Otros países capitalistas de Europa	2 347	2 606
Japón	4 773	6 335
Total de países capitalistas evolucionados (comprendiendo Australia y Nueva Zelandia)	16 910	19 330
Perú	322	9 130
Chile	188	1 160
Otros países de América Latina	555	1 270
Total de América Latina	1 065	11 560
Sureste africano	243	669
Sudáfrica	293	586
Otros países de África	1 364	1 655
Total de África	1 900	2 910
India	1 012	1 320
Filipinas	416	623
Tailandia	218	577
Otros países no socialistas de Asia, más Oceanía	2 829	3 420
Total de Asia y Oceanía (países atrasados)	4 475	5 940
Total del tercer mundo	7 440	20 410
MUNDO	30 400	51 600

FUENTE: ONU, *Anuario estadístico 1965,* cuadro 50.

un país. Este país, que en 1956 no capturaba más que 322 000 toneladas, en 1964 elevó su captura a la cifra estratosférica de 9.1 millones de toneladas (28 veces más) y ha conservado el primer rango en el mundo desde hace dos años, superando a Japón en cerca de tres millones de toneladas.

Ahora bien, el caso de Perú es singular. Sus pescas milagrosas capturan esencialmente "anchovetas", pececitos de corta talla que abundan muchísimo en la corriente de Humboldt y cuya única utilización es la fabricación de harina de pescado. Extraídas del mar (más que pescadas) gracias a técnicas ultramodernas utilizadas por poderosas empresas extranjeras, estas anchovetas, indudablemente, son una riqueza para Perú, pero que corresponden casi más a las actividades industriales que a las de la pesca propiamente dicha. Esta actividad, de todas maneras, no constituye una aportación alimenticia para el país que la practica. Además, los bancos de anchovetas han sido diezmados, en estos últimos años, por una pesca demasiado intensiva, y en lo sucesivo será prudente limitar las capturas a 7 millones de toneladas al año.[8]

Si se hace abstracción de Perú, la parte del tercer mundo en la pesca mundial, en 1964, no fue de más de un 22% y su progreso desde 1956 (de 7.1 a 11.3 millones de toneladas aproximadamente) es inferior al de los países socialistas, pero evidentemente superior al de los países capitalistas evolucionados (de 16.9 a 19.3 millones de toneladas) entre los cuales Estados Unidos, Noruega y el Reino Unido han retrocedido o se han estancado. Así pues, los países pesqueros del tercer mundo han realizado un esfuerzo serio en este campo, y puesto que se partió de un examen de los problemas de la nutrición, hay que señalar el interés que tiene proseguir y acentuar este esfuerzo, sin exceptuar sus prolongaciones hacia la congelación, la conservación y la distribución, puesto que el pescado es, en general, un alimento de gran valor nutritivo que tiene un precio de venta menos elevado que el de muchos otros artículos de consumo.

8. Véase, *Images économiques du monde, 1966,* Beaujeu-Garnier, Gamblin y Delobez, SEDES, París (p. 48).

CAPÍTULO III

PRODUCCIÓN DE MINERALES Y ENERGÉTICOS

Es bien sabido que los países del tercer mundo son, en general, grandes productores de minerales y de petróleo. ¿Pero en qué medida lo son, globalmente, en relación al mundo entero y a los otros dos grupos de países? El cuadro III-1 no proporciona una respuesta exacta, pero sí permite realizar una primera aproximación.

Se verá en la nota que figura al pie de ese cuadro que el grupo de los países "menos industrializados" tal como lo conciben los documentos de las Naciones Unidas, no se identifica con nuestro tercer mundo. Es muy probable que, por una parte, excluya a algunos países de América Latina, como Venezuela, por ejemplo, y que, por otra, abarque dos o tres países del sur de Europa. Pero sería atrevido suponer que los unos compensan a los otros, sobre todo en lo que respecta a los minerales (col. 3), lo que induce a derivar del cuadro 8 del *Anuario estadístico 1966,* de la ONU, las indicaciones siguientes que dan, con la misma base (1958=100) los índices de las industrias extractivas para algunos grupos de países en 1965:

	Total	*Hulla*	*Minerales*	*Petróleo y gas*
Estados Unidos y Canadá	123	119	126	120
Europa (excepto países socialistas)	108	90	118	225
Media aritmética	115	105	122	172
América Latina	133	118 (1964)	127	138
Asia Oriental y Suroriental (excepto Japón)	190	185	165	199
Media aritmética	161	152	146	168

Los dos primeros grupos de países representan la casi totalidad de los países capitalistas evolucionados. Ahora bien, sus índices medios son, con excepción de la hulla, muy diferentes de los que aparecen en el cuadro III-1 para el año 1965. Los otros dos grupos de países, evidentemente, no representan al tercer mundo, puesto que faltan África y el Medio Oriente. Pero los índices medios que muestran para 1965, comparados con los anteriores, y habida cuenta de que en África se ha realizado un vigoroso desarrollo en este campo,

CUADRO III-1
ÍNDICES DE LAS INDUSTRIAS EXTRACTIVAS DEL MUNDO, EXCEPTO LOS PAÍSES SOCIALISTAS DE ASIA
(base 1958 = 100)

	Diversas industrias extractivas			
	Total	*Hulla*	*Minerales*	*Petróleo crudo y gas*
	Unión Soviética y Europa oriental			
Estimación mundial 1958 en %	25.3	36.3	21.2	16.0
Índice 1965	165	124	175	231
Estimación mundial 1965 en %	28.5	41.3	25.6	21.3
	Países capitalistas avanzados			
Estimación mundial 1958 en %	55.9	58.7	54.8	53.6
Índice 1965	120	91	138	123
Estimación mundial 1965 en %	46.0	52.3	52.2	38.1
	Países capitalistas no avanzados			
Estimación mundial 1958 en %	18.8	5.0	24.0	30.4
Índice 1965	198	139	134	231
Estimación mundial 1965 en %	25.5	6.4	22.2	40.6

NOTA: Los países capitalistas no avanzados son aquellos en los que, en 1958, el valor agregado por habitante, en las industrias manufactureras, era inferior a 125 dólares. Por tanto, tal vez excluyan algunos países del tercer mundo, e incluyan otros que no colocamos en él.
FUENTE: Calculado según los datos de la ONU, *Boletín Mensual de Estadística,* septiembre y noviembre de 1966, cuadro especial A.

permiten afirmar que, entre 1958 y 1965, la expansión de la producción de minerales ha sido evidentemente más importante en el tercer mundo que en los países capitalistas evolucionados.

Paul Bairoch, en su obra notablemente bien documentada [1] va aún más lejos, pues pone en tela de juicio el índice de producción de las industrias extractivas calculado por las Naciones Unidas. "Al examinar los datos de este índice —escribe— y los que aluden a las producciones globales del conjunto de los países subdesarrollados no socialistas, nos pareció que este índice estaba distorsionado." Por consiguiente, se resignó a calcular por sí mismo un índice fundado en las producciones globales del conjunto de los países subdesarrollados no socialistas, índice que, con la misma base (1958=100), se

1. *Diagnostic de l'évolution économique du tiers monde: 1900-1966,* Gauthiers-Villars, París, 1967, p. 70.

sitúa en 1965 en 178 para los minerales, y, por consiguiente, a un nivel muy superior al alcanzado por el mismo índice en el caso de los países capitalistas avanzados.

Una vez señalado esto, ¿cómo se sitúa el tercer mundo, en relación al resto del mundo, en el campo de las industrias extractivas y de sus componentes? Los datos imperfectos del cuadro III-1, corre-

CUADRO III-2
ENERGÉTICOS: PRODUCCIÓN Y CONSUMO EN 1964, Y CIFRAS GLOBALES, 1965
(en millones de toneladas de hulla o equivalente)

		Producción					
		Total	*Hulla y lignito*	*Petróleo crudo*	*Gas natural*	*Energía eléctrica*	*Consumo*
Estados Unidos y Canadá		1 707	465	567	638	37	1 823
Europa occidental		584	499	27	24	34	1 014
Japón		64	51	2[1]	3[1]	8[1]	161
Australia y Nueva Zelandia		38	36	0	0	2	56
Países capitalistas evolucionados	1964	2 393	1 051	596	665	81	3 054
	1965	2 448	1 056	612	690	89	3 223
Países socialistas	1964	1 550	1 048	323	167	13	1 473
Unión Soviética		(870)					(781)
	1965	1 628	1 069	350	195	14	1 543
América Latina		358	8	308	35	6	177
Medio Oriente		568	6	557	5	1	53
Tercer mundo		128	79	39	6	4	136
África		97	49	45	1	1	71
Tercer mundo	1964	1 151	141	949	47	12	437
	1965	1 254	153	1 040	51	10	465
MUNDO	1964	5 094	2 240	1 868	879	106	4 964
	1965	5 330	2 278	2 002	936	113	5 231
% del tercer mundo	1964	22%	6%	51%	5%	11%	9%
	1965	23%	7%	52%	5.5%	9%	8.8%

[1] Estimación.

FUENTE: O.N.U., *Anuario estadístico 1965,* cuadros 14 y 142; *1966,* cuadros 11 y 142.

gidos en la medida de lo posible por los mencionados anteriormente, llevan a estimar que en 1965 el tercer mundo debió participar a razón de un 27 a 28 por ciento en la producción mundial del conjunto de las industrias extractivas, distribuido así: 6 a 6.5 por ciento para la hulla, 26 a 28 por ciento para los minerales, y cerca del 42% para el petróleo y el gas.

Al completar estas estimaciones globales con las relativas a la energía y a sus diferentes fuentes (cuadro III-2), se asignará a las indicaciones anteriores concernientes a la hulla, el petróleo y el gas cifras menos discutibles, puesto que son las de las cantidades producidas en 1964-1965. De esta manera, se confirma que la producción del tercer mundo es muy débil en el caso del carbón (fuente de energía que, por lo demás, está declinando) y en el del gas natural, producción en plena evolución y cuyos datos actuales habrán de ser rebasados rápidamente, así como de energía eléctrica que no se ha desarrollado, en lo esencial, más que en función de las necesidades de industrialización. Su posición, en cambio, es predominante por lo que toca al petróleo, y el cuadro III-2 pone de relieve que si los países socialistas, por una parte, y Estados Unidos, por otra, se encuentran en situación de dar satisfacción por sí mismos a sus necesidades de energía, en cambio todos los demás países capitalistas evolucionados no pueden satisfacer las suyas propias más que gracias a las enormes aportaciones del tercer mundo (Cercano Oriente y América Latina), que no consume más que un tercio de la energía total que produce.

No obstante, haciendo a un lado el petróleo, es verdad que el tercer mundo no es todavía, a escala mundial, más que un productor muy modesto de productos extraídos del subsuelo, y su importancia real, en este campo, obedece menos al peso absoluto de su producción que al hecho de que esta última, exportada casi en su totalidad por lo que respecta a los minerales, representa o bien una aportación determinante, o bien un apoyo indispensable para las fábricas de los países capitalistas evolucionados, como veremos más adelante.

El tercer mundo, en efecto, es la fuente principal y, a menudo, casi la exclusiva de numerosos minerales metálicos de los que la industria moderna hace un gran insumo y, además, en la generalidad de los casos, su posición relativa no cesa de reforzarse. Los cuadros III-3 a III-7 proporcionan a este respecto interesantes informaciones.[2]

Así, por ejemplo, la parte que corresponde al tercer mundo, en la producción de mineral de hierro ha avanzado desde el 13% de una extracción mundial de alrededor de 200 millones de toneladas en 1956, hasta un 23% de una extracción mundial que rebasó los 300 millones de toneladas en 1964. Y así como se prevé la explotación de nuevos

2. Todas las cifras relativas a los minerales están expresadas en contenido metálico.

CUADRO III-3
PRODUCCIÓN MUNDIAL DE MINERALES DE HIERRO
(CONTENIDO METÁLICO) EN 1964
(miles de toneladas)

MUNDO	304 000
Unión Soviética	84 600
Países socialistas de Europa	3 900
China y Corea del Norte (estimación)	23 000
Países socialistas	111 500
Estados Unidos	47 700
Francia	19 800
Canadá	19 200
Suecia	16 200
Reino Unido	4 500
Países capitalistas evolucionados	123 000
India	12 400
Brasil	10 200
Venezuela	10 000
Liberia	7 000
Chile	6 400
Perú	4 350
Federación Malaya	3 700
Tercer mundo	69 500
Tercer mundo % mundial	23%
(Tercer mundo % mundial en 1956, aprox.)	(13%)

FUENTE: O.N.U., *Anuario estadístico 1965,* cuadro 56.

yacimientos en Canadá y en Suecia, también se prevé que Angola, que hasta el momento actual casi no ha hecho presencia en el mercado, exportará en 1966 cerca de 5 millones de toneladas de mineral de alto grado de pureza, en tanto que la producción de la MIFERMA de Mauritania, que en 1964 no apareció en las estadísticas, se elevaría en 1968 a 7.5 millones de toneladas.[3] Es decir, el tercer mundo va viento en popa en un sector clave, en el que ocupaba un rango relativamente bajo.

Si la parte que al tercer mundo corresponde no ha hecho más que sostenerse a nivel de un 51 a 52 por ciento de la producción mundial de mineral de antimonio, que ha aumentado en cerca de 18% de 1957 a 1964; en cambio, al mismo tiempo, ha mejorado de un 51 a un 59 por ciento su participación en la extracción mundial de bauxita, que entre estos dos años ha aumentado en cerca de un 60%

3. Según *Images économiques du monde, 1966,* de Beaujeu-Garnier, Gambin y Delobez, SEDES, París.

CUADRO III-4
INDUSTRIAS EXTRACTIVAS DIVERSAS: PRODUCCIÓN EN 1964

HULLA *(millones de toneladas)*	
Mundo	2 110
Estados Unidos	455
Reino Unido	197
Alemania Federal	143
Países capitalistas evolucionados	985
Unión Soviética	409
Polonia	117
China (estimación)	400
Países socialistas	985
Tercer mundo	140
Tercer mundo % mundial	6.5%

MINERAL DE ANTIMONIO *(contenido metálico en toneladas)*	
Mundo	64 000
Países capitalistas evolucionados	4 200
China	15 000
Unión Soviética	6 100
Países socialistas	26 800
África del Sur	12 900
Bolivia	9 600
México	4 800
Tercer mundo	33 000
Tercer mundo % mundial	51-52%
Tercer mundo % mundial 1956	51-52%

BAUXITA *(miles de toneladas)*	
Mundo	34 200
Francia	2 400
Estados Unidos	2 000
Países capitalistas evolucionados	6 600
Unión Soviética	4 300
Hungría	1 500
Yugoslavia	1 300
China	400
Países socialistas	7 500
Jamaica	7 800
Surinam	4 000
Guinea	1 700
Guayana (estimado)	2 900
Tercer mundo	20 100
Tercer mundo % mundial	59%
Tercer mundo % mundial 1956	57%

MINERAL DE CROMO *(contenido metálico, miles de toneladas)*	
Mundo (excepto países socialistas)	1 115
Tercer mundo (aprox.)	1 050
Tercer mundo % mundial	94%
Tercer mundo % mundial 1956	89%

FUENTE: O.N.U., *Anuario estadístico 1965.*

y África, que no participa todavía más que con un 6% de la producción mundial, posee un tercio de las reservas mundiales de este mineral.[4]

El tercer mundo participó con un 94% en 1964 (en comparación con el 89% de 1956) en la producción de mineral de cromo, la que, por lo demás, está declinando. Pero en la extracción mundial de mineral de cobre, que pasó de 3.5 millones de toneladas en 1956 a más de 5 millones de toneladas en 1964 y 1965, la parte correspon-

4. *Idem.*

diente al tercer mundo ha ascendido a un 42 o un 44 por ciento. Al mismo tiempo, le corresponde del 42 al 45 por ciento de la producción mundial de mineral de manganeso, que ha aumentado en más

CUADRO III-5
INDUSTRIAS EXTRACTIVAS DIVERSAS. PRODUCCIÓN EN 1964

MINERAL DE COBRE (*contenido metálico, miles de toneladas*)	
Mundo	5 025
Estados Unidos	1 130
Canadá	450
Japón	105
Australia	103
Países capitalistas evolucionados	1 885
Unión Soviética	700
China	90
Yugoslavia	63
Países socialistas	940
Chile	797
Zambia	632
Congo-Kinshasa	277
Perú	175
Tercer mundo	2 200
Tercer mundo % mundial	44%
Tercer mundo % mundial 1956	42%

MINERAL DE COBALTO (*contenido metálico, toneladas*)	
Mundo (excepto países socialistas)	14 900
Congo-Kinshasa	7 740
Marruecos	1 550
Zambia	1 425
Tercer mundo (aprox.)	10 720
=	72%
(Nota: cifras aproximadas)	
(1956:	69%)

MINERAL DE MANGANESO (*Contenido metálico, miles de toneladas*)	
Mundo	6 900
Japón	100
Países capitalistas evolucionados	190
Unión Soviética	3 200
China	300
Países socialistas	3 625
Sudáfrica	600
Brasil	594
India	540
Gabón	474
Ghana	222
Congo-Kinshasa	164
Marruecos	154
Tercer mundo	3 085
Tercer mundo % mundial	45%
Tercer mundo % mundial 1956	42%

FUENTE: O.N.U., *Anuario estadístico 1965.*

CUADRO III-6

INDUSTRIAS EXTRACTIVAS DIVERSAS: PRODUCCIÓN EN 1964

MINERAL DE PLOMO *(contenido metálico, miles de toneladas)*	
Mundo	2 550
Australia	381
Estados Unidos	260
Canadá	187
Países capitalistas evolucionados	1 115
Unión Soviética	360
China (estimación)	100
Bulgaria	101
Yugoslavia	102
Países socialistas	795
México	175
Perú	147
Suroeste africano	89
Marruecos	76
Tercer mundo	640
Tercer mundo % mundial	25%
Tercer mundo % mundial 1956	29%

MINERAL DE ZINC *(contenido metálico, miles de toneladas)*	
Mundo	4 050
Canadá	662
Estados Unidos	522
Australia	350
Japón	216
Alemania Federal	111
Italia	109
España	100
Países capitalistas evolucionados	2 265
Unión Soviética	410
Polonia	151
China	100
Corea del Sur	100
Países socialistas	955
México	236
Perú	231
Congo-Kinshasa	105
Zambia	47
Marruecos	46
Tercer mundo	830
Tercer mundo % mundial	20-21%
Tercer mundo % mundial 1956	24%

CONCENTRADOS DE TUNGSTENO *(contenido metálico, toneladas)*	
Mundo	36 230
Estados Unidos	5 030
Portugal	1 060
Australia	1 010
Países capitalistas evolucionados	8 765
China (estimación)	12 240
Unión Soviética (estimación)	6 600
Corea del Norte (estimación)	2 400
Países socialistas	21 240
Corea del Sur	3 590
Bolivia	1 245
Tercer mundo	6 225
Tercer mundo % mundial	17%

CONCENTRADOS DE ESTAÑO *(contenido metálico, toneladas)*	
Mundo (excepto países socialistas)	149 500
Países capitalistas evolucionados	7 270
Federación Malaya	60 965
Bolivia	24 590
Indonesia	16 610
Tailandia	15 845
Nigeria	8 860
Tercer mundo	142 230
Tercer mundo % mundial (excepto países socialistas)	95%
en 1956	96%

FUENTE: O.N.U., *Anuario estadístico 1965.*

CUADRO III-7

INDUSTRIAS EXTRACTIVAS DIVERSAS: PRODUCCIÓN EN 1964

PETRÓLEO CRUDO (millones de toneladas)	
Mundo	1 410
(1965)	1 507
Estados Unidos	377
Canadá	37
Países capitalistas evolucionados	433
Unión Soviética	224
Rumania	12
Países socialistas	249
Venezuela	178
Kuwait	107
Arabia Saudita	86
Irán	84
Irak	62
Libia	42
Algeria	26
Tercer mundo	728
Tercer mundo % mundial	51.6%
Tercer mundo % mundial 1956	42%

FOSFATOS NATURALES (miles de toneladas)	
Mundo (excepto países socialistas de Asia)	57 100
Estados Unidos	23 330
Países capitalistas evolucionados	26 650
Unión Soviética (estimación)	13 000
Países socialistas (excepto los de Asia)	13 100
Marruecos	10 100
Túnez	2 750
Senegal	800
Togo	800
RAU	610
Jordania	570
Sudáfrica	580
Tercer mundo	17 350
Tercer mundo % mundial (excepto países socialistas de Asia)	30.4%
en 1956	33.7%

GAS NATURAL (miles de millones de metros cúbicos)	
Mundo (excepto países socialistas de Asia)	652
Estados Unidos	440
Canadá	39
Italia	8
Francia	5
Países capitalistas evolucionados	500
Unión Soviética	109
Rumania	16
Países socialistas sin los de Asia	128
Venezuela	6
Argentina	4
Indonesia	3
Tercer mundo	24
Tercer mundo % mundial (excepto los países socialistas de Asia)	4%

FUENTE: O.N.U., *Anuario estadístico 1965.*

de una cuarta parte entre 1956 y 1964, y ha pasado del 69 al 72 por ciento de la extracción de mineral de cobalto, que, en general, se ha mantenido a un mismo nivel.

En la producción mundial de concentrados de estaño, que después de un fuerte avance en 1956-57 ha declinado, para recuperarse después, los países del tercer mundo aportan cerca del 95-96 por ciento del total mundial, con excepción de los países socialistas.

Pero hay que mencionar un punto negro. Es el de los minerales de plomo y zinc, a menudo asociados, en cuya producción el tercer mundo ha participado en una proporción que ha retrocedido de 1956 a 1964 (respectivamente, del 29 al 25 por ciento y del 24 al 21-22 por ciento), estando la extracción mundial poco más o menos estancada o habiendo aumentado ligeramente en el caso del plomo, y habiendo avanzado claramente en el caso del zinc, en los años comprendidos entre 1964 y 1965. La baja de la participación relativa del tercer mundo proviene sobre todo, en el caso de ambos minerales, de una baja en el valor absoluto de la parte que corresponde al principal productor que es México.

La parte que corresponde al tercer mundo se ha reducido (de un 33.7 a un 30.4 por ciento) en el campo de los fosfatos naturales, y esto se debe, en lo esencial, al avance espectacular de la extracción soviética, que se multiplicó por 2.5 entre 1956 y 1964; y a que la del principal productor del tercer mundo, Marruecos, en esa misma época, no llegó a duplicarse ya que la de Estados Unidos avanzó en un 46%, en tanto que la producción mundial pasó de 34 a 57 millones de toneladas.

Por lo que respecta al petróleo crudo, la evolución es extraordinariamente favorable al tercer mundo, pues su participación pasó, entre 1956 y 1965, de un 42 a un 52 por ciento de una extracción mundial que avanzó de 840 a 1 500 millones de toneladas. Al mismo tiempo, la producción soviética pasó de 84 a 224 millones de toneladas, mientras que la de Estados Unidos se elevó lentamente de 354 a 377 millones de toneladas. Se comprende que este país se interese tanto en los yacimientos petrolíferos de los países subdesarrollados, que por sí solos absorbían, a fines de 1964, el 42% del total de capitales norteamericanos invertidos en el tercer mundo.

Para resumir, en el campo de las industrias extractivas y en el transcurso de los diez últimos años, el tercer mundo ha registrado una extracción espectacular en los sectores del petróleo y de los minerales de hierro, una gran expansión en los de la bauxita, los minerales de cobre y de manganeso y los fosfatos naturales; una expansión moderada por lo que respecta a los minerales de cobalto y de antimonio; un estancamiento para los concentrados de estaño, y los minerales de cromo; y un retroceso, al menos relativo, en lo que respecta a los minerales de plomo y de zinc. Por lo que toca al conjunto de los minerales, P. Bairoch[5] estima que, de 1957 a 1965, la evolución de los países del tercer mundo ha sido muy irregular en los primeros años, pero que a partir de 1962 la expansión ha sido regular y ha ascendido a razón de un 10% al año. Habiendo analizado y computado, en este dominio, la evolución y las posibilidades de los países capitalistas evolucionados, y habiendo comprobado "un agotamiento progresivo de los yacimientos más ricos o más lucrativos en los países desarrollados", señala "que crece gradualmente la parte que corresponde a los países subdesarrollados en la producción extractiva mundial" y añade, "esta evolución, además, habrá de proseguir".

El estudio de las Naciones Unidas que ya hemos citado,[6] en lo que respecta a los países industriales, señala que "si, en el caso de numerosos productos minerales, las necesidades nacionales han quedado cubiertas en una proporción creciente por las importaciones, es porque la absorción ha aumentado con relativa rapidez en relación (...) a la producción de las minas nacionales (muchas de las cuales han alcanzado la etapa de los rendimientos decrecientes), y esto a pesar de un notable aumento de la productividad en varios casos". Señalando que Estados Unidos es exportador neto de la mayoría de los productos primarios, observa que "en su conjunto, no es grandemente dependiente de las importaciones, más que de productos minerales".

Así, pues, puede concluirse que el tercer mundo, que ocupa una posición más que honrosa en la producción mundial de las industrias extractivas, ve y seguirá viendo el reforzamiento regular de éstas, en detrimento del grupo de los países capitalistas desarrollados cuyos yacimientos, en su conjunto, se han agotado o se están volviendo menos productivos. De esto resulta, y seguirá resultando, una mayor dependencia de este grupo de países respecto de la mayoría de los productos mineros del tercer mundo, y, especialmente, de las producciones claves (petróleo, hierro, bauxita). Pero tendré oportunidad de volver a tratar este problema que, a mi juicio, es uno de los más importantes entre los que rigen las relaciones económicas actuales y del porvenir entre los dos grupos de países.[7]

Para terminar, y como ya hemos indicado en el caso de diversos productos agrícolas importantes, se observará que, por lo que se refiere a una fracción importante de las producciones minerales, no sólo

5. *Op. cit.*, pp. 73-77.

6. *Étude sur l'économie mondiale, 1963*, p. 69.

7. Una información de las Naciones Unidas, del 7 de abril de 1967, menciona una proposición del secretario general, U Thant, para que se establezca el inventario de los recursos minerales, hidráulicos y energéticos de los países en vías de desarrollo, a escala mundial. Este inventario tendrá un gran interés, pero se necesitarán cinco años para hacerlo.

el tercer mundo, como tal, participa, en gran medida, en la extracción mundial, sino que además un pequeñísimo número de países ocupan, en su conjunto, una posición privilegiada. Así, por ejemplo, tres países pequeños y geográficamente cercanos, Jamaica, Surinam y Guyana aportan el 43% de la producción total de bauxita (el 55% sin contar los países socialistas). Otros tres países, Sudáfrica, Bolivia y México producen el 43% del mineral de antimonio extraído en el mundo (y el 74% en el mundo no socialista). Por lo que toca a los minerales de cobre, la producción de Chile, sumada a la de dos países africanos vecinos entre sí, Zambia y Congo-Kinshasa, se eleva al 34% del total mundial (al 42% sin contar a los países socialistas). Los mismos dos vecinos, Congo-Kinshasa y Zambia no tienen necesidad de un tercero para alcanzar el 61-62 por ciento de la producción mundial de mineral de cobalto en la zona capitalista. Si el tercer mundo, en su conjunto, tiene una producción de concentrados de estaño que coincide exactamente casi con la producción mundial, sin contar la de los países socialistas, Federación Malaya, por sí sola, contribuye con un 41%, y este porcentaje se eleva a más de un 62% con la ayuda de los países vecinos, Tailandia e Indonesia, y el 79% con la de Bolivia.

De manera general, la importancia de todos los países antes mencionados es mucho más considerable, en el mercado mundial de los productos indicados, de lo que parecería a juzgar por las cifras de producción. Así, por ejemplo, en el caso de los fosfatos naturales, hay dos productores enormes y principales que son Estados Unidos y Unión Soviética, los cuales absorben en su propio territorio la parte más importante de su extracción; pero hay dos países del tercer mundo, como Marruecos y Túnez, que aunque en conjunto no aportan a la producción mundial más que una porción modesta, ocupan no obstante una posición preponderante en los mercados internacionales.

CAPÍTULO IV

INDUSTRIA MANUFACTURERA

Una vez más, y en lo que respecta a este tercer y último sector de las actividades productivas de bienes, trataré de determinar qué lugar ocupa el tercer mundo en la producción mundial. El cuadro IV-1, derivado de las mismas fuentes que el cuadro correspondiente a las industrias extractivas presenta también el inconveniente de reagrupar, bajo el título de "países capitalistas (excepto los avanzados)", a países

CUADRO IV-1
ÍNDICE DE LAS INDUSTRIAS MANUFACTURERAS DEL MUNDO, EXCEPTO DE LOS PAÍSES SOCIALISTAS DE ASIA
(base 1958=100)

		Categorías	
	Total	*Industria ligera*	*Industria pesada*
	UNIÓN SOVIÉTICA Y EUROPA ORIENTAL		
Estimación mundial 1958 en %	27.8	28.3	27.5
Índice 1965	193	153	220
Estimación mundial 1965 en %	31.7	29.8	32.7
	PAÍSES CAPITALISTAS AVANZADOS		
Estimación mundial 1958 en %	65.8	62.4	68.0
Índice 1965	159	141	170
Estimación mundial 1965 en %	61.9	60.5	62.5
	PAÍSES CAPITALISTAS EXCEPTO LOS AVANZADOS		
Estimación mundial 1958 en %	6.4	9.3	4.5
Índice 1965	169	151	194
Estimación mundial 1965 en %	6.4	9.7	4.8

NOTA: Los "países capitalistas excepto los avanzados" son aquellos en los que en 1958, el valor agregado por habitante, en las industrias manufactureras, era inferior a 125 dólares. Por lo tanto, tal vez excluyan algunos países del tercer mundo y, en cambio, abarquen otros no comprendidos en el tercer mundo como aquí se define.

FUENTE: Calculado según los datos de la ONU, *Boletín Mensual de Estadística,* septiembre y noviembre de 1966, cuadro especial A.

subdesarrollados que no coinciden exactamente con la definición de tercer mundo que aquí se utiliza. Pero los índices que ofrece para 1965 son, en esto, equivalentes a los indicados para 1964 por el cuadro 9 del *Anuario estadístico 1965* de la ONU, lo que lleva a considerar los datos del cuadro IV-1 como una estimación muy aproximada a la realidad.

Así también, puede reconocerse que la producción de las industrias manufactureras del tercer mundo, en 1965, representa sólo alrededor del 6.5% de la producción mundial, un poco menos del 10% en el sector de las industrias ligeras y alrededor de un 5% en el de la industria pesada, a reserva de lo que más adelante se dirá en lo que respecta a estas dos categorías. Así, pues, se está muy por debajo de la proporción 29-30 por ciento que corresponde a la producción agrícola, y de la de 27-28 por ciento que corresponde a la producción de las industrias extractivas, lo que no es sorprendente, puesto que es público y notorio que, de los males económicos que padece el tercer mundo, el de su escaso desarrollo industrial es indudablemente el peor.

Las materias primas, agrícolas o minerales, que produce el tercer mundo no abastecen a las fábricas del mismo sino en medida muy

CUADRO IV-2
CONSUMO INDUSTRIAL DE CAUCHO NATURAL EN 1964
(miles de toneladas)

Mundo (excepto los países socialistas)	1 950
Estados Unidos	490
Japón	206
Reino Unido	182
Alemania Federal	155
Francia	127
Otros países censados (6 países)	224
Total de países capitalistas censados	1 384
India	60
Brasil	33
Otro países censados (2 países)	59
Total de países del tercer mundo censados	152
Países que no fueron censados, incluidos en el total del mundo	414

Si se supone arbitrariamente, que el consumo de los países que no fueron censados se divide en partes iguales entre los países capitalistas evolucionados (Finlandia, Dinamarca, Noruega, Irlanda, Suiza, Austria, Portugal, España, Grecia, Israel, Nueva Zelandia) y los países del tercer mundo, el consumo de cada grupo de países se convierte en:

Países capitalistas evolucionados	1 591 = 82%
Tercer mundo	359 = 18%

FUENTE: ONU, *Anuario estadístico 1965,* cuadro 169.

escasa, a menudo ínfima. Siendo el productor exclusivo del caucho natural, el tercer mundo consumió industrialmente, en 1964, tan sólo cerca del 18% del volumen producido, e incluso este porcentaje (véase cuadro IV-2) está sin duda calculado generosamente. Además, vale la pena señalar que los principales consumidores industriales de caucho natural en el tercer mundo son productores de látex de muy poca importancia, y que los grandes productores de esta materia prima (Federación Malaya, Indonesia, Tailandia) no tenían, en 1964, ninguna industria de transformación.

Una de las ramas industriales primeramente establecidas en numerosos países del tercer mundo es la de la industria textil, y especialmente la de la industria algodonera, y es aquí donde se encuentra el más elevado porcentaje de empleo de una materia prima del tercer mundo por éste mismo. Sin embargo, aunque haya producido el 42% del algodón cosechado en el mundo en 1964 (59% sin contar a los países socialistas), el tercer mundo consumió industrialmente, en ese mismo año, tan sólo el 26% de lo que se utilizó en el mundo entero, y de esto el 11% correspondió sólo a la India (cuadro IV-3). A este respecto, los principales países industriales son, igualmente, importantes productores de materia prima, y la India transforma un poco más de algodón que el que produce.

Como se reconoce generalmente que la siderurgia es la base de la industrialización, numerosos países del tercer mundo, con razón o sin ella, han querido tener *su* siderurgia. Tal es el caso, sobre todo, de los principales países de América Latina; de India y de Corea del Sur, en Asia; de Sudáfrica y de la RAU, en África, donde, además, Marruecos y Argelia se preparan para establecer su propia industria siderúrgica. Pero, en 1964, el conjunto de los países del tercer mundo no participaba todavía más que con un 4% de la producción mundial de acero (cuadro IV-4), en tanto que extraía un 23% del mineral de hierro. Los principales países siderúrgicos del tercer mundo, con excepción de Argentina, utilizan sus propios minerales, por lo menos parcialmente.

En cambio, el retraso del tercer mundo es considerable en el campo del aluminio (cuadro IV-4), puesto que produciendo el 59% de la bauxita extraída en el mundo, no participó en la producción mundial de aluminio de primera fusión, aunque sólo se trate de una transformación por demás primaria, más que a razón de un 3% en 1964. Como en el caso del caucho, los grandes productores de materia prima no participan de ninguna manera en la transformación. Situación análoga se encuentra en el estaño: con una producción de concentrados de estaño igual al 95% de la producción mundial, con excepción de los países socialistas, el tercer mundo no participa en el consumo industrial de estaño en el mundo (sin contar a la Unión So-

CUADRO IV-3

A. TELARES DE ALGODÓN. NÚMERO INSTALADO EN 1964
(*unidades*)

	Telares comunes	*Telares automáticos*
Mundo	1 315 560	1 407 760
Unión Soviética	112 000	163 000
China	200 000	120 000
Otros países socialistas	113 000	77 000
Total países socialistas	425 000	360 000
Estados Unidos		288 360
Japón	297 390	88 090
Italia	11 540	73 820
Reino Unido	82 000	48 000
Francia	28 440	62 872
Total países capitalistas evolucionados	547 500	780 000
India	180 940	24 530
Brasil	65 000	32 000
México	14 000	30 500
Paquistán	12 600	22 000
Total tercer mundo	343 000	267 800
Tercer mundo, % mundial	26%	19%

FUENTE: ONU, *Anuario estadístico 1965,* cuadro 97.

B. CONSUMO INDUSTRIAL DE ALGODÓN EN 1964
(*miles de toneladas*)

Mundo	10 830
Estados Unidos	2 000
Japón	735
Alemania Federal	285
Francia	260
Reino Unido	235
Otros países capitalistas evolucionados	965
Países capitalistas evolucionados	4 480
Unión Soviética	1 485
China	1 345
Otros países socialistas	700
Países socialistas	3 530
India	1 200
Paquistán	285
Brasil	260
Otros del tercer mundo	1 075
Tercer mundo	2 820
Tercer mundo, % mundial	26%

FUENTE: ONU, *Anuario estadístico 1965,* cuadro 167.

CUADRO IV-4
PRODUCCIONES INDUSTRIALES DIVERSAS
(miles de toneladas)

Producción de acero 1964	
Mundo	433 700
Unión Soviética	85 030
China (estimación)	9 500
Otros países socialistas	30 030
Estados Unidos	124 570
Japón	39 800
Alemania Federal	37 370
Reino Unido	26 650
Francia	19 780
Países capitalistas evolucionados	290 960
India	6 030
Sudáfrica	3 110
Brasil	3 030
México	2 280
Argentina	1 270
Otros del tercer mundo	2 450
Tercer mundo	18 170
Tercer mundo, % mundial	4%

Producción de aluminio de primera fusión en 1964	
Mundo	6 180
Unión Soviética (estimación)	1 000
Otros países socialistas	390
Países socialistas	1 390
Estados Unidos	2 320
Canadá	760
Francia	320
Japón	270
Países capitalistas evolucionados	4 620
India	55
Camerún	50
Otros del tercer mundo	65
Tercer mundo	170
Tercer mundo, % mundial	3%

Producción de superfosfatos en 1963	
Mundo (excepto los países socialistas de Asia, Canadá y algunos pequeños países)	42 500
Estados Unidos	11 790
Australia	2 910
España	1 810
Países capitalistas evolucionados	27 520
Unión Soviética	7 860
Otros países socialistas de Europa	4 380
Países socialistas de Europa	12 240
Sudáfrica	850
India	580
Brasil	310
Tercer mundo	2 740
Tercer mundo, % mundial	6.5%

FUENTE: ONU, *Anuario estadístico 1965,* cuadros 120, 128 y 129.

viética) más que a razón de 8.6% (cuadro IV-5). Y además, con excepción de Indonesia, que en 1964 transformó una parte muy pequeña de sus concentrados, los grandes productores mundiales de la materia prima están al margen de toda transformación (salvo en cantidades ínfimas). En cuanto a los principales consumidores industriales de estaño, en el tercer mundo, India parece recurrir totalmente, y Brasil parcialmente, a concentrados de importación.

CUADRO IV-5
CONSUMO INDUSTRIAL DE ESTAÑO EN 1964
(toneladas)

Mundo (excepto Unión Soviética, Vietnam del Norte y Corea del Norte)	179 540
China	7 300
Polonia	1 900
Checoslovaquia	1 800
República Democrática Alemana	1 500
Yugoslavia	1 630
Otros países socialistas (Cuba, Bulgaria, Hungría, Rumania)	960
Total países socialistas (excepto Unión Soviética, Vietnam del Norte y Corea del Norte)	15 090
Estados Unidos	59 415
Reino Unido	19 145
Japón	18 235
Alemania federal	12 595
Francia	11 200
Otros países capitalistas evolucionados	28 440
Total países capitalistas evolucionados	149 030
India	4 960
Brasil	2 030
Sudáfrica	1 470
Indonesia	1 020
Otros países del tercer mundo	5 940
Total tercer mundo	15 420
% tercer mundo	8.6%

FUENTE: O.N.U., *Anuario estadístico 1965,* cuadro 171.

El tercer mundo, que extrajo en 1964 el 30.4% de los fosfatos naturales producidos en el mundo (sin contar a los países socialistas de Asia), no participó más que con un 3.5% en la producción mundial de superfosfatos (cuadro IV-4). Los principales países productores de fosfatos naturales no son transformadores de la materia en superfosfatos, o son tan sólo transformadores ínfimos, y los más notables productores del tercer mundo de este abono fabricado recurren totalmente (India), o parcialmente (Sudáfrica, Brasil) a fosfatos naturales de exportación, puesto que las necesidades de la agricultura han motivado el establecimiento de esta industria.

Por lo que respecta a la refinación del petróleo, el cuadro inmediato siguiente ofrece los datos correspondientes a los principales productores de petróleo crudo.

PETRÓLEO: PRODUCCIÓN 1964
(miles de toneladas)

	Petróleo crudo	*Todos los productos derivados del petróleo*
Venezuela	178 230	59 004
Kuwait	106 719	11 731
Arabia Saudita	85 798	14 466
Irán	84 006	19 115
Irak	61 626	2 585
Estados Unidos	376 609	435 151

FUENTE: ONU, *Anuario estadístico 1965*, cuadros 75 y 124.

Obsérvese que Venezuela refina alrededor de un tercio del petróleo crudo que extrae de sus pozos, y que los otros cuatro países del tercer mundo sólo refinan, en su conjunto, alrededor del 14 por ciento.

CUADRO IV-6
PRODUCCIONES INDUSTRIALES DIVERSAS EN 1964
(miles de toneladas)

Plomo, primera fusión	
Mundo	2 610
China (estimación)	100
Unión Soviética	360
Otros países socialistas	330
Países socialistas	790
Estados Unidos	420
Australia	210
Canadá	140
Alemania federal	110
Japón	100
Francia	90
Otros países capitalistas evolucionados	340
Países capitalistas evolucionados	1 410
México	160
Perú	90
Suroeste africano	50
Otros del tercer mundo	110
Tercer mundo	410
Tercer mundo, % mundial	16%

Zinc, primera fusión	
Mundo	3 710
Unión Soviética (estimación)	460
China (estimación)	90
Polonia	190
Otros países socialistas	215
Países socialistas	925
Estados Unidos	870
Japón	310
Canadá	310
Otros países capitalistas evolucionados	1 035
Países capitalistas evolucionados	2 525
Perú	70
México	60
Congo-Kinshasa	60
Zambia	50
Otros del tercer mundo	20
Tercer mundo	260
Tercer mundo % mundial	7%

FUENTE: O.N.U., *Anuario estadístico 1965*, cuadros 132 y 135.

El cuadro IV-6, por último, indica que los países del tercer mundo participan con un 16% en el total mundial de la producción de plomo de primera fusión (frente al 25% en la producción mundial) y con el 7% en el zinc de primera fusión (frente al 20-21 por ciento de la producción mundial del mineral). Pero se necesita mucha buena voluntad para considerar a la primera fusión de los metales, cuando la transformación se destine en esta etapa, como una actividad industrial propiamente dicha. La misma observación puede hacerse en el caso de aluminio (véase lo dicho anteriormente). Esta primera fusión de los metales pertenece a la actividad industrial manufacturera cuando se integra a un proceso de transformación que recorre múltiples etapas, pero, en cambio, no es sino una prolongación de las industrias extractivas cuando los lingotes obtenidos se exportan en estado bruto, y la motivación de la primera fusión, no es, entonces, desembocar en la industrialización, sino simplemente reducir el costo de transporte, en relación al del mineral. Tal es el caso de los países del tercer mundo, cuyas empresas mineras son casi siempre dependientes del capital monopolista de los países capitalistas desarrollados.

Por lo demás, anteriormente se señaló que, por lo que respecta a cada una de las materias primas a las que se pasó revista, que los principales productores, generalmente, no son aquellos países del tercer mundo que han comenzado a realizar la transformación industrial (caucho natural, estaño, fosfato) y que, en cambio, los países del tercer mundo que se han convertido en transformadores de materias primas del tercer mundo son, a menudo, productores modestos de esas materias primas y recurren total o parcialmente a importaciones para alimentar sus fábricas. Sin que se pretenda dar un valor absoluto a esta observación, puede, no obstante, afirmarse que, en el estado actual de la explotación de carácter imperialista de las materias primas del tercer mundo, el poseer una materia prima no trae consigo necesariamente ninguna iniciación de actividades industriales verdaderas. Es exactamente lo contrario de lo que ocurrió en los países capitalistas evolucionados en el momento de su industrialización.

Esto permite poner de relieve que algunas clasificaciones estadísticas de los documentos de las Naciones Unidas, justificadas cuando se aplican a los países industrializados, ya no lo están de ninguna manera, en lo que respecta a los países del tercer mundo. Es lo que se puede decir de la inclusión de la primera fusión de los metales en la categoría de "industria pesada", puesto que es discutible incluso su carácter de industria manufacturera en lo que concierne al tercer mundo. Otras reservas de igual carácter hay que hacer por lo que respecta a las ramas de las industrias metálicas. Si se añade a esto que el sector industrial "papel y artículos de papel" está integrado igualmente, en estos documentos, a la industria pesada, lo que parece ser discutible en el caso de todos los grupos de países, resulta que la posición del tercer mundo en el sector de la industria pesada, tal cual aparece en el cuadro IV-1 y tal y como se ha indicado al comienzo de este capítulo, está sin duda sobreestimada, y en el de la industria ligera, subestimada.

Sea lo que fuere, este cuadro IV-1 indica que, de 1958 a 1965, las producciones del conjunto del sector de las industrias manufactureras han aumentado en un 93% en Unión Soviética y en los otros países socialistas de Europa; en un 59%, en los países capitalistas industrializados; y en un 69%, en el grupo de países que coincide, poco más o menos, con el tercer mundo. Por consiguiente, el crecimiento industrial del tercer mundo, en valores absolutos, ha sido un 17% más rápido en siete años, que el de los países capitalistas evolucionados. Pero ha sido superado en un 35% por los países socialistas, lo cual explica que la parte que corresponde al tercer mundo en la producción industrial mundial haya sido la misma en 1965 que en 1968. Empero, la importancia, no obstante ser apreciable, de los recientes avances realizados por el tercer mundo para dar alcance a los países más industrializados del mundo, que son todavía los países capitalistas desarrollados, desaparece totalmente si se relaciona la producción con el número de habitantes, pues el aumento demográfico ha sido de alrededor de 1.2% al año en los países desarrollados y de 2.4% en los del tercer mundo, lo cual da una tasa de crecimiento industrial por habitante de 5.0% para el tercer mundo y de 5.1% al año para los países capitalistas evolucionados. Sin embargo, no hay que dar un carácter demasiado riguroso a los números, y basta recordar simplemente que en términos de producción por habitante, el tercer mundo no ha atenuado en nada su retraso en materia de producción industrial.

Está notablemente retrasado también, en comparación con los otros dos grupos de países, en el crecimiento de la productividad del trabajo en la industria. Las indicaciones que se ofrecen en seguida, tomadas de los cuadros 12 y 13 del *Anuario estadístico 1965* de la ONU aluden a los índices de la productividad del trabajo para todas las industrias reunidas (extractivas, manufactureras, de electricidad y de gas) sobre la base de 1958=100.

ÍNDICES DE LA PRODUCTIVIDAD DEL TRABAJO EN LA INDUSTRIA
(1958 = 100)

Unión Soviética y resto de Europa oriental	1963	134
	1964	140
Países capitalistas avanzados	1963	127
	1964	135
Países capitalistas (excepto avanzados)	1963	119
Industrias manufactureras solamente	1963	117

El mejoramiento de la productividad del trabajo industrial, en cinco años, es un 35% menos elevado en el tercer mundo que en los países capitalistas industrializados, y es un 45% inferior al de los países socialistas de Europa.

Esta desproporción supone, evidentemente, aspectos muy negativos, pero no obstante puede pensarse que, al menos en un primer período, como la menor productividad registrada en el tercer mundo está verosímilmente ligada, a menudo, a un número de empleos más elevado para una producción dada, resulta relativamente benéfica desde este punto de vista. El cuadro IV-3 muestra, por ejemplo, que la industria textil del tercer mundo utiliza una mayor proporción de telares comunes y los países capitalistas evolucionados una mayor proporción de telares automáticos. Pero, por beneficiosa que pueda ser tal situación en una etapa dada, su perpetuación sería grave en una perspectiva de industrialización diversificada, rápida y continua. La mejor fábrica, la mejor técnica industrial, en última instancia, son siempre las de hoy, o las de mañana, pero nunca las de ayer.

Aunque todos los países del tercer mundo están considerablemente subindustrializados, no lo están en grado igual, y hay diferencias a menudo grandes entre Argentina y Mali o Alto Volta, pasando por muchos otros grados de diferencia.

Por grandes regiones, en primer lugar, se puede aceptar que la parte que le corresponde al tercer mundo en la industria manufacturera mundial (estimada en sólo 6.5% del total), se distribuyó aproximadamente de la manera siguiente en 1965:

América Latina	50%	para 235 millones de hab. aprox.
Asia del Sureste	30%	para 900 millones de hab. aprox.
África y Medio Oriente	20%	para 400 millones de hab. aprox.

Sin atribuir a estas cifras un rigor que no podrían tener, las diferencias observadas son hasta tal punto importantes, por comparación con las cifras de población, que proporcionan, sin embargo, indicaciones válidas. Así, por ejemplo, se puede decir que el conjunto de América Latina, por habitante, está alrededor de cuatro veces menos subindustrializado que África y el Medio Oriente, y seis veces menos que Asia.

Así también, en el interior de un mismo continente hay a menudo enormes diferencias entre un país y otro. Se podrá dar una idea (pero solamente una idea) de esto, con las cifras que se ofrecen en seguida y que indican, para 1964, la parte que corresponde a las industrias manufactureras en el PIB de algunos países.[1]

[1] ONU, *Anuario estadístico 1965,* cuadro 182.

Argentina	33%	Ceilán	6%
México	28%	Federación Malaya (1963)	11%
Chile	19%		
Perú	20%	Sudáfrica (1963)	28% [2]
Guatemala	14%		
Bolivia	15%	Marruecos	14%
Guayana	12%	Malawi (1963)	6%
Honduras (1963)	13%	Rodesia	17%
Filipinas	19%	Tanzania	4%
Birmania	15%	Túnez	15%
Paquistán (1963)	11%	Turquía	15%
Tailandia (1963)	12%	Zambia	6%
Vietnam del Sur	11%	RAU (1961)	17%
Cambodia (1963)	9%	Jordania (1963)	8%
		Togo (1963)	5%

Para comparar, citemos: Alemania Federal, 41%; Reino Unido, 36%; Francia, 36%; EUA, 30%.

[2] Sin exceptuar la construcción.

CAPÍTULO V

COMERCIO Y TRANSPORTES

El campo del comercio internacional es, sin duda, el que mejor permite poner de manifiesto la importancia y la naturaleza de las relaciones de producción y de intercambios entre los países del tercer mundo, por una parte, y los países capitalistas evolucionados, por otra, así como señalar los lazos de dependencia recíproca que son resultado de esto. Por consiguiente se le concede una importancia mayor. Este capítulo se divide en seis secciones.

1. Evolución global del comercio;
2. Las corrientes comerciales;
3. La composición del comercio;
4. La relación de precios del intercambio;
5. Los transportes marítimos;
6. Conceptos críticos y síntesis.

1. EVOLUCIÓN GLOBAL DEL COMERCIO

En el cuadro V-1 aparece, en lo que respecta al año de 1965, la composición de las exportaciones mundiales por grupos y subgrupos de países y por orígenes y destinos. Se indican también, pero por grandes grupos de países solamente, las cifras correspondientes a los años de 1948 y de 1956, con objeto de evaluar la evolución habida. Las imperfecciones que se aclaran en la "nota" no tienen mayor importancia. La desclasificación del Sudáfrica y Cuba, respecto de la división del mundo que aquí se usa (véase cap. I), no afecta, finalmente, a los totales parciales más que de manera secundaria o insignificante. Por lo que toca a la discordancia entre algunos totales y la suma de sus componentes (véase nota b), ésta queda reducida a poca cosa gracias a la manera de calcular los porcentajes. Y, en este capítulo, al igual que en los anteriores, se razona sobre todo con base en porcentajes, y se toman en cuenta las variaciones solamente cuando éstas sean suficientes para absorber errores ligeros.

En 1965, el tercer mundo, con 36 700 millones de dólares de exportación, no intervino en las exportaciones mundiales más que en un 20%, frente al 11-12 por ciento que corresponde a los países socialistas y el 68-69 por ciento correspondiente a los países capitalistas evolucionados. Pero, en 1956, sus exportaciones representaban el 24%

CUADRO V-1

EXPORTACIONES MUNDIALES —1948, 1956, 1965— POR GRUPOS DE PAÍSES Y POR ORÍGENES Y DESTINOS: FOB

(millones de dólares corrientes)

		Exportaciones totales	*Exportaciones hacia los países capitalistas evolucionados*		*Exportaciones hacia los países socialistas*		*Exportaciones hacia el tercer mundo*	
			Monto	*%*	*Monto*	*%*	*Monto*	*%*
Estados Unidos y Canadá	1965	35 170	24 560	72	520	1.5	8 980	26.5
Europa occidental	1965	79 010	61 950	79	3 670	4.5	13 030	16.5
Australia, Nueva Zelandia y Sudáfrica	1965	8 450	4 330	51	480	6	3 650	43
Japón		5 330	4 110	78	310	6	860	16
Total países capitalistas evolucionados	1965	127 960	94 960	75	4 970	4	26 510	21
	1956	68 370	45 890	69	1 700	2.5	18 950	28.5
	1948	36 520	23 700	65	1 490	4.0	11 320	31
Unión Soviética y países socialistas de Europa	1965	19 630	4 040	21	13 210	68	2 070	11
Países socialistas de Asia	1965	2 000	550	28	600	30	840	42
Total países socialistas	1965	21 630	4 590	21.5	13 810	65	2 910	13.5
	1956	10 140	2 000	20	7 155	71	940	9
	1948	3 690	1 530	41.5	1 720	46.5	440	12
América Latina	1965	11 170	7 990	72	900	8	2 230	20
África	1965	7 910	6 420	82	570	7	820	11
Medio Oriente	1965	6 460	4 790	76.5	145	2.5	1 320	21
Asia del sur y del este	1965	9 310	5 650	61	740	8	2 900	31
Total tercer mundo	1965	36 710	26 360	73	2 350	6	7 570	21
	1956	24 870	18 250	74	810	3	5 780	23
	1948	17 300	11 780	68	480	3	5 040	29
Mundo	1965	186 300	125 920	68	21 130	12	37 000	20
	1956	103 400	66 140	65	9 665	9.5	25 670	25.5
	1948	57 500	37 010	64	3 690	7	16 800	29

NOTAS: Sudáfrica figura aquí entre los países capitalistas evolucionados y Cuba en el tercer mundo (América Latina).

Para 1956 y 1965, las exportaciones totales y los totales mundiales no corresponden siempre a la suma de sus componentes, pues algunas exportaciones —entre otras, las exportaciones de Estados Unidos de categoría especial— no fueron tomadas en cuenta. Pero los porcentajes se han calculado con fundamento en la suma de los componentes.

FUENTE: ONU, *Anuario estadístico 1965*, cuadros 149 y 152; ONU, *Boletín Mensual de Estadística*, junio 1966, cuadro especial B.

de las exportaciones mundiales; las de los países socialistas, el 10%, y las de los países capitalistas evolucionados, el 66%. Y, en 1948, las cifras, para cada uno de los tres grupos de países se situaban, respectivamente, en 30%, 6.5% y 63.5%. Entre 1948 y 1965, por consiguiente, el porcentaje del tercer mundo en las exportaciones mundiales descendió de un 30 a un 20 por ciento, en tanto que el de los países socialistas aumentó de un 6.5 a un 11-12 por ciento y el de los países capitalistas evolucionados de un 63.5 a un 68-69 por ciento. Baste, por el momento, registrar estas cifras, pues toda conclusión sería prematura antes de la última sección del capítulo presente, es decir, antes de haber visto las indicaciones que contienen las secciones 3 y 4, sobre todo.

Considérese nuevamente en 1965. Las exportaciones totales realizadas por el tercer mundo provinieron de América Latina (235 millones de habitantes) en un 32%; de África (310 millones de habitantes), en un 23%; del Medio Oriente (70 millones de habitantes), en un 18.5%, y del Asia del sur y del este (920 millones de habitantes), en un 26.5%. En valor relativo por lo que toca al número de habitantes, el Medio Oriente va francamente a la cabeza, a causa de las enormes exportaciones de petróleo. Viene después América Latina, que supera con mucho a África. El Asia del sur y del este parece ser, también en este campo, la más desheredada, y con mucho, de los integrantes del tercer mundo. Si ahora se comparan los porcentajes que corresponden a las diversas regiones del tercer mundo, en el PIB del tercer mundo en 1965 (véase cap. I), por una parte y, por otra, en las exportaciones de ese mismo tercer mundo en 1965, se obtienen los resultados siguientes:

	PIB DEL TERCER MUNDO	EXPORTACIONES DEL TERCER MUNDO
América Latina	34%	32 %
África	22%	23 %
Medio Oriente	7%	18.5%
Asia del sur y del este	37%	26.5%
Total	100%	100 %

Los porcentajes en el PIB y en las exportaciones del tercer mundo son, por consiguiente, de la misma magnitud para América Latina y para África; son considerablemente diferentes para el Medio Oriente, por la razón que ya hemos mencionado, y son igualmente muy diferentes, pero en sentido inverso, para Asia del sur y del este, que, de esa manera, se manifiesta en tal estado de subdesarrollo que las posibilidades mismas de explotación imperialista están allí relativamente más reducidas que en otras partes.

Es opinión comúnmente aceptada que, por relación al PIB o al PNB, el comercio exterior presenta, en valor relativo, una importancia mucho mayor para los países subdesarrollados que para los países desarrollados del sistema capitalista. Cierto es que las exportaciones del tercer mundo, en 1965, se elevaron a 16% del PIB del tercer mundo en ese mismo año, frente al 10.75% correspondiente a los países capitalistas evolucionados. Pero los mismos porcentajes, en 1958, eran respectivamente de 15.8% y de 9.0%. El primer porcentaje apenas se ha elevado, el segundo lo ha hecho mucho más y, por consiguiente, el margen que separa, a este respecto, a los dos grupos de países, tiende a atenuarse, por razones que se verán más adelante (evolución divergente de la relación de precios del intercambio, desarrollo artificialmente rápido del comercio de los países evolucionados), y es probable que este movimiento prosiga. Además, esta diferencia, en la cual varios autores pretenden descubrir una suerte de carácter específico del desarrollo y del subdesarrollo, aun cuando cada vez exista menos entre los diversos grupos de países, se manifiesta como mucho menos significativa cuando se compara a un determinado país de un grupo con otro país del mismo grupo o del otro grupo de países. El cuadro V-2 pone de manifiesto la inexactitud de las conclusiones demasiado generales y seudocientíficas sacadas de la comparación entre las cifras del comercio exterior y el PIB o el PNB. En esto, entran en juego otros elementos, aparte del desarrollo y del subdesarrollo, que no se analizarán aquí.

Volviendo al cuadro V-1, hay que señalar que es más interesante tratar de determinar en qué medida los tres grandes grupos de países comercian entre sí y en el interior de cada uno de ellos. Se advierte que, en 1965, el 73% de las exportaciones del tercer mundo se dirigió hacia los países capitalistas evolucionados, el 6% hacia los países socialistas y el 21% hacia los propios países del tercer mundo (comercio intrazonal del grupo). Las exportaciones de los países capitalistas evolucionados se dirigieron en un 21% hacia el tercer mundo, en un 4% hacia los países socialistas y en un 75% hacia los países capitalistas evolucionados mismos (comercio intrazonal). Por lo que toca a los países socialistas, su comercio intrazonal absorbe el 65% de sus exportaciones, y el resto de éstas se dirige, a razón de un 21.5%, hacia los países capitalistas evolucionados y de un 13.5% hacia los países del tercer mundo.

Así pues, es necesario hacer una primera observación: mientras que el comercio intrazonal de los países capitalistas evolucionados (75% de sus exportaciones totales) y el de los países socialistas (65%) es grandemente predominante en uno y en otro grupo, se observa lo contrario en los países del tercer mundo, que no intercambian entre sí más que el 21% de sus exportaciones totales. Así pues, si cada

CUADRO V-2
IMPORTANCIA RELATIVA DEL COMERCIO EXTERIOR (1964)
(en % del producto nacional bruto y en millones de dólares)

	IMPORTACIONES		EXPORTACIONES	
	Monto	% PNB	Monto	% PNB
Estados Unidos	18 622	2.9	25 897	4.1
Canadá	6 944	15.9	7 699	17.7
Reino Unido	15 438	16.7	12 341	13.4
Alemania Federal	14 613	14.1	16 213	15.7
Francia	10 067	11.5	8 990	10.3
Italia	7 231	14.6	5 956	12.0
Países Bajos	7 055	42.0	5 808	34.6
Bolivia	97	18	86	16
Chile	608	11	623	11
Guatemala	202	15	158	12
México	1 458	8	1 036	6
Perú	571	22	667	26
Venezuela	1 119	16	2 742	39
Ghana	340	8	292	6
Marruecos	456	18	432	17
Rodesia del Sur	238	26	233	26
Sudáfrica	2 150	21	1 456	14
Túnez	224	23	127	12
Zambia	120	20	441	73
Birmania	256	16	231	15
Ceilán	415	27	394	26
Malasia	819	34	909	38
Filipinas	868	18	743	16
Turquía	542	7	411	5
Corea del Sur	404	17	119	5

FUENTE: Países capitalistas evolucionados: *Statistiques de base de la* CEE, 1965; Países del tercer mundo: calculado según los datos de los cuadros 148, 181 y 185 de la ONU, *Anuario estadístico 1965.*

uno de los dos primeros grupos depende prioritariamente de sí mismo en su comercio exterior, ocurre algo totalmente diferente en el tercer mundo, que para cerca de tres cuartas partes de sus exportaciones depende únicamente del grupo de los países capitalistas evolucionados.

Los países socialistas, aunque su comercio con el tercer mundo se haya duplicado desde 1948, en el valor de las importaciones y haya crecido más moderadamente con relación a las exportaciones, no fueron para el tercer mundo, en 1965, más que un socio comercial tan modesto (6% del total), a pesar de la parte cada vez mayor que corresponde a China, que no vale la pena detenerse más en la consideración de este comercio.

El comercio entre el tercer mundo y los países socialistas evolucionados merece, por el contrario, la mayor atención. Este intercambio, que en 1965 se situó, poco más o menos, entre 26 400 y 26 500 millones de dólares es, en efecto, determinante, no sólo para el tercer mundo considerado en su conjunto, sino para cada una de las grandes regiones que lo componen, puesto que las exportaciones hacia los países capitalistas evolucionados representan, en porcentaje de las exportaciones totales:

72 % para América Latina,
82 % para África,
76.5% para el Medio Oriente,
61 % para Asia del sur y del este.

Por el contrario, el comercio con estos mismos países se sitúa, por lo que respecta a los países capitalistas evolucionados, en los niveles siguiente de sus exportaciones totales:

26.5% para Estados Unidos y Canadá,
16.5% para Europa occidental,
43 % para Japón.

La dependencia de cada uno de los dos grandes grupos de países, considerados globalmente, desde el punto de vista del comercio con el otro grupo, es, vale la pena repetirlo, de 73% por lo que respecta al tercer mundo y de 21% solamente por lo que toca a los países capitalistas evolucionados en 1965. Pero, en 1948, estos porcentajes eran respectivamente de 68% y de 31%. Por consiguiente, el tercer mundo, en el campo del comercio, depende cada vez más de los países capitalistas evolucionados, en tanto que estos últimos dependen cada vez menos del tercer mundo. Con fundamento en las cifras de 1965, puede formularse la siguiente hipótesis de razonamiento: si los países capitalistas evolucionados redujesen bruscamente a la mitad su comercio con el tercer mundo, su intercambio total no quedaría afectado más que en un 10%, en tanto que el del tercer mundo bajaría hasta un 63-64 por ciento de su nivel total. Es claro que esta hipótesis es absurda, y no tiene más objeto que poner a la vista de todo mundo la actual desigualdad relativa del comercio que, no obstante, está vastamente equilibrado, entre los dos grupos de países.

La mayor parte de los autores derivan de esta situación y de esta evolución conclusiones precipitadas, que se exponen y rebaten en la última sección de este capítulo. Interesa, sobre todo, sacar a luz las cifras en que se fundan sus razonamientos. Pero estos fundamentos son insuficientes, puesto que se limitan a considerar los valores monetarios del intercambio, de los cuales no pueden deducirse más que inexactitudes si se omiten los aspectos esenciales del volumen del comercio y, sobre todo, los aspectos cualitativos que se estudian en las secciones siguientes.

Para terminar con el movimiento general del comercio del tercer mundo, resta proporcionar, en el cuadro que aparece en seguida, algunas indicaciones acerca de la balanza comercial de las grandes regiones del tercer mundo, en 1956 y en 1965.

(millones de dólares)

	1956			*1965*		
	Importaciones CIF	*Exportaciones* FOB	*Balanza comercial*	*Importaciones* CIF	*Exportaciones* FOB	*Balanza comercial*
Regiones subdesarrolladas (excepto Sudáfrica)	26 200	24 900	— 1 300	37 600	36 500	— 1 100
Repúblicas de América Latina (incluso Cuba)	7 930	8 640	+ 710	9 600	11 100	+ 1 500
África (excepto Sudáfrica)	6 790	5 650	— 1 140	7 860	7 680	— 180
Medio Oriente	3 270	3 930	+ 660	4 760	6 460	+ 1 700
Asia del sur y del este	8 330	6 920	— 1 410	12 480	9 310	— 3 170

NOTA: Hay algunas diferencias menores con las cifras del cuadro V-1.
FUENTE: ONU, *Boletín Mensual de Estadística,* febrero de 1967, cuadro 52; ONU, *Anuario estadístico 1965,* cuadro 148.

En total, el tercer mundo registra, por consiguiente, un déficit comercial moderado, relativamente menor, por lo demás, en 1965 que en 1956. Pero esto se ha debido esencialmente a los países exportadores de petróleo. Sin Venezuela, por consiguiente, América Latina no sería superavitaria, sino ligeramente deficitaria. Sin Venezuela y los países petroleros del Medio Oriente el conjunto del tercer mundo no sería moderadamente, sino grandemente, deficitario. África parece ser la región del tercer mundo que mejor ha evolucionado desde 1956, pues la absorción de la mayor parte de su déficit comercial, al parecer, proviene de una expansión de varios de sus sectores de exportación, sobre todo de los mineros. Una vez más, el Asia del sur y del este es el más pobre de los pobres. Su importante déficit comercial de 1956 más que se duplicó en valor absoluto para 1965, y la cobertura de sus importaciones mediante sus exportaciones descendió de un 83 a un 75 por ciento.

2. LAS CORRIENTES COMERCIALES

Hasta ahora, se han comparado, sobre todo, los intercambios comerciales del conjunto de los países del tercer mundo con el conjunto de los países capitalistas evolucionados. Pero dentro de los intercambios globales entre ambos grupos, se aprecian fenómenos cuya evolución, entre 1956 y 1965, resulta especialmente útil considerar, para lo que se ha elaborado el cuadro v-3.

Si se consideran las exportaciones, hacia las diferentes partes del tercer mundo, procedentes de los principales países o grupos de países capitalistas evolucionados se observará que:

1) Estados Unidos (al que corresponden más de nueve décimas partes del total Estados Unidos-Canadá) dirige la mayor parte de sus ventas hacia América Latina, una fracción importante hacia Asia del sur y del este y partes relativamente pequeñas hacia Medio Oriente y África. Pero salta a la vista un hecho: mientras que de 1956 a 1965 las ventas a América Latina retrocedieron del 58% al 47.5 por ciento del total del tercer mundo, las ventas a los países del Asia del sur y del este avanzaron, entre esos mismos años, de un 23 a un 33.5 por ciento. Por consiguiente, se ha producido una transferencia importante de las exportaciones al privilegiado continente sudamericano hacia el continente asiático, donde Estados Unidos parece haber abierto brecha en algunas posiciones comerciales británicas.

2) Europa occidental tiene un comercio de exportación mejor repartido entre las cuatro grandes zonas del tercer mundo, entre los cuales África ocupa, de todas maneras y con toda claridad, el primer rango. Pero a este respecto también el continente privilegiado ha retrocedido, entre 1956 y 1965, del 41 al 37 por ciento del total, en tanto que ha progresado correlativamente la proporción de las exportaciones destinada a América Latina (de 20 a 22 por ciento) y al Medio Oriente (del 14 al 17 por ciento), mientras que la del Asia del sur y del este ha descendido en un 1 por ciento.

3) Japón, cuyo total de ventas al tercer mundo se sitúa todavía a un nivel muy inferior al de los países anteriormente considerados, exporta sobre todo hacia los países del Asia del sur y del este, en proporción que aumentó, entre 1956 y 1965, de 57 a 61.5 por ciento. La parte que corresponde a África en las exportaciones japonesas, por el contrario, descendió, en ese mismo período, de un 25 a un 19 por ciento.

En pocas palabras, cada uno de los tres grupos considerados de países capitalistas evolucionados exporta principalmente a uno de los

CUADRO V-3

INTERCAMBIO ENTRE EL TERCER MUNDO Y LOS PAÍSES CAPITALISTAS EVOLUCIONADOS: POR GRANDES REGIONES: 1956 Y 1965

(millones de dólares)

A. EXPORTACIONES DE LOS PAÍSES CAPITALISTAS EVOLUCIONADOS HACIA EL TERCER MUNDO: FOB

		AMÉRICA LATINA		MEDIO ORIENTE		ASIA SUR Y ESTE		ÁFRICA	
		Monto	%	*Monto*	%	*Monto*	%	*Monto*	%
Estados Unidos y Canadá	1956	3 960	58	525	8	1 555	23	750	11
	1965	4 000	47.5	755	9	2 825	33.5	815	10
Europa occidental	1956	2 060	20	1 470	14	2 495	25	4 130	41
	1965	2 680	22	2 100	17	2 960	24	4 520	37
Japón	1956	165	11	100	7	870	57	390	25
	1965	410	11.5	280	8	2 190	61.5	670	19
Australia, Nueva Zelandia y Sudáfrica	1956	18		34		220		225	

B. EXPORTACIONES DEL TERCER MUNDO HACIA LOS PAÍSES CAPITALISTAS EVOLUCIONADOS

		ESTADOS UNIDOS Y CANADÁ		EUROPA OCCIDENTAL		JAPÓN		AUSTRALIA, NUEVA ZELANDIA Y SUDÁFRICA	
		Monto	%	*Monto*	%	*Monto*	%	*Monto*	%
América Latina	1956	4 020	57	2 660	38	300	4	25	1
	1965	3 800	47.5	3 640	45.5	510	6	40	1
África	1956	600	13	3 820	83	80	2	105	2
	1965	640	10	5 470	85	180	3	130	2
Medio Oriente	1956	335	12.5	1 910	71.5	185	7	230	9
	1965	470	10	3 120	65	890	18.5	310	6.5
Asia del sur y del este	1956	1 100	27	2 035	51	600	15	300	7
	1965	1 790	31.5	2 290	40.5	1 190	21	380	7

FUENTE: ONU, *Anuario estadístico 1965*, cuadro 149; ONU, *Boletín Mensual de Estadística*, junio de 1966, cuadro especial B.

tres continentes del tercer mundo. Estados Unidos a América Latina, Europa occidental a África, y Japón a Asia. Pero el feudo de Estados Unidos en América Latina se está reduciendo, en provecho, sobre todo, de Europa occidental. El feudo africano de Europa occidental se ha estrechado, sin que nadie, al parecer, resulte beneficiado y debido, simplemente, a que el conjunto de las ventas de los países capitalistas evolucionados se desarrolla menos rápidamente en dirección de los países africanos que con destino a otras zonas del tercer mundo. Por lo que toca a las exportaciones japonesas a Asia del sur y del este, son todavía demasiado poco importantes, en valor absoluto, para que se pueda hablar de feudo. Europa occidental, que en valor absoluto tenía, en 1956, una posición comercial claramente dominante todavía en Asia del sur y del este, se ha visto hoy casi alcanzada por Estados Unidos y gravemente atacada por Japón, cuyo progreso es más vivo.

Si se considera ahora las exportaciones de las diferentes regiones del tercer mundo a los principales países o grupos de países capitalistas evolucionados, se observa que:

a) Todavía América Latina exporta principalmente hacia Estados Unidos y Canadá, países que son seguidos de cerca por Europa occidental. Pero la parte que corresponde a los primeros descendió de 57 a 47.5 por ciento de 1956 a 1965, en tanto que la de Europa se elevó de 38 a 45.5 por ciento. Estas situaciones y movimientos son casi simétricos de los registrados en las exportaciones de los países capitalistas evolucionados hacia América Latina.

b) África coloca casi todas sus exportaciones en Europa occidental, que aumentó su participación en las exportaciones africanas, entre 1956 y 1965, de un 83 a un 85 por ciento. Pero la simetría es muy relativa a este respecto: si África estuvo igualmente a la cabeza entre las demás regiones del tercer mundo por lo que toca a las ventas europeas, no participó más que a razón de un 37 por ciento en 1965, y este porcentaje, al contrario del anterior, se redujo en 4 puntos desde 1956.

c) Asia del sur y del este tiene como cliente principal a Europa occidental, cuyo porcentaje en las ventas asiáticas, no obstante, bajó de 51 a 40.5 por ciento entre 1956 y 1965, en tanto que el de Estados Unidos y Canadá se elevó de 27 a 31.5 por ciento y el del Japón de 15 a 21 por ciento. Por consiguiente, al igual que en el caso de América Latina, se observa una simetría muy grande tanto en las posiciones respectivas como en las evoluciones recientes entre las ventas de los países o grupos de países capitalistas evolucionados hacia los países de Asia del sur y del este, y sus compras en esta zona.

d) La distribución geográfica de las exportaciones del Medio

Oriente es menos significativa en la medida en que, dominadas sobre todo por el petróleo, se dirigen especialmente hacia los países compradores, en especial los más cercanos, de esta fuente de energía.

Si se quiere ahora trazar las grandes orientaciones que se desprenden de este análisis de las relaciones comerciales y de su evolución, entre las principales regiones integrantes del tercer mundo, por una parte, y los del grupo de los países capitalistas evolucionados, por otra, se ve que del harto complejo conjunto de indicaciones que acabamos de señalar, surgen dos ideas principales:

a) Los países y grupos de países del tercer mundo comercian todavía, principalmente, con el país o los países capitalistas evolucionados de los cuales, en otro tiempo, fueron colonias, semicolonias o dependencias: América Latina con Estados Unidos; África con Europa occidental, y más especialmente, en conjunto y según los casos, con Francia y el Reino Unido; Asia del sur y del este con Europa occidental igualmente y, sobre todo, con Reino Unido.

b) Pero se está manifestando con precisión cada vez mayor una tendencia a la atenuación de esos lazos comerciales bilaterales. Si parece que África constituye una excepción, es que sólo se han tomado en cuenta los cambios entre uno y otro grupos de países, ya que, al respecto, el estrechamiento de las situaciones bilaterales predominantes se ha realizado en beneficio de otros países del mismo grupo: una determinada colonia francesa comercia menos con Francia pero un poco más con Alemania federal, Italia, Benelux, etc., y viceversa, pues la asociación de 18 países africanos al Mercado Común Europeo ha favorecido esta dispersión anteriormente esbozada.

Así pues, puede decirse que, de manera poco más o menos general, los feudos, los cotos vedados de caza están retrocediendo, aun cuando en numerosos casos particulares existan y resistan fuertemente: las corrientes paralelas de antaño (de determinados países africanos hacia Francia y a la inversa, de América Latina hacia Estados Unidos y a la inversa, etc.), están siendo sustituidas parcialmente, pero cada vez más, por corrientes entrecruzadas. Estas corrientes comerciales, como ya se ha visto y se verá todavía más en las secciones siguientes, conservan íntegramente sus caracteres fundamentales, expresan la explotación de los países del tercer mundo en el marco de una división internacional del trabajo que el sistema imperialista perpetúa y, además, tiende a agravar. Pero es interesante observar que si, en esencia, el neocolonialismo no se distingue en nada del colonialismo, sus caminos, no obstante, no son exactamente los mismos. El bilateralismo comercial, a menudo caricaturesco, de hace apenas 15 o 20 años, tiende a ser sustituido progresivamente por el multilaterismo. El explotador de un determinado país del tercer mundo tiene cada vez menos el rostro de un determinado país de Europa occidental o de

América del Norte, y cada vez más el rostro del propio sistema imperialista.[1]

Pero, sin embargo, sería un craso error perder de vista que el imperialismo norteamericano domina cada vez más el imperialismo mundial, que los capitales norteamericanos se invierten dondequiera y, sobre todo hoy, en los demás países imperialistas, y que controlan el comercio que se realiza con otras banderas. El entrecruzamiento de las corrientes de los capitales y del comercio, que vuelve a considerarse más adelante, las más de las veces no hace más que disfrazar la supremacía norteamericana.

3. LA COMPOSICIÓN DEL COMERCIO

El cuadro v-4 ofrece, para 1965, y en muchos casos comparando con 1956, la composición por tipos de mercancías de las importaciones y de las exportaciones de los países capitalistas evolucionados, por una parte, y de los países del tercer mundo, por otra.

De este modo se ve que, en 1965, las exportaciones del tercer mundo, incluían una proporción de 17.5% de productos manufacturados y una proporción de 82.5% de combustibles (petróleo, casi exclusivamente), materias primas y productos alimenticios. Estos dos porcentajes se convierten, respectivamente, en 16.2 y 83.8 por ciento, si sólo se consideran las exportaciones del tercer mundo con destino a los países capitalistas evolucionados. Pero es necesario plantear cuanto antes dos reservas:

a) En el capítulo anterior se vio que la clasificación de las Naciones Unidas incluye los metales brutos de primera fusión entre los productos de las industrias manufactureras, e incluso en la industria pesada. Estos metales brutos quedan comprendidos aquí entre los productos manufacturados, cuya parte inflan indebidamente, y reducen en igual proporción la de las materias primas, entre las cuales deberían quedar comprendidos pues, aunque sean productos de una transformación primaria, no son sino una materia prima, puesto que

1. El señor Raúl Prebisch, ex secretario general de la UNCTAD, fundándose sobre todo en el acuerdo de la asociación de 18 países africanos a la CEE, así como en los planes de un mercado común interamericano, denuncia, por el contrario, los riesgos de una "división vertical" del mundo que a través del incremento del comercio ligaría todavía más a África con Europa y a América Latina con Estados Unidos.

Pero, por el momento, las cifras dan un testimonio en sentido contrario, y son ellas las que hablan. Además, de un estudio del Ministerio británico de Comercio, basado en datos de comienzos de 1967, se desprende que los países del Commonwealth, en su conjunto, desarrollan más rápidamente su intercambio comercial con los terceros países que con Gran Bretaña (*Le Monde*, París, 19 de agosto de 1967).

CUADRO V-4

COMPOSICIÓN DE LAS IMPORTACIONES Y DE LAS EXPORTACIONES DEL TERCER MUNDO Y DE LOS PAÍSES CAPITALISTAS EVOLUCIONADOS, COMO PORCENTAJES DEL TOTAL: 1965

	PAÍSES CAPITALISTAS EVOLUCIONADOS			TERCER MUNDO		
		Exportaciones			*Exportaciones*	
	Importaciones todos orígenes	*Todos destinos*	*Destino tercer mundo*	*Importaciones todos orígenes*	*Todos destinos*	*Destino países capitalistas evolucionados*
Productos manufacturados [1]	56.8	70.8 (1956:63.1)	78.8 (1956:77.4)	66.9 (1956:62.7)	17.5 (1956:13.3)	16.2 (1956:11.8)
Combustibles, minerales y lubricantes	10.1	3.2	1.6 (1956: 3.1)	8.7 (1956:11.9)	30.4 (1956:25.3)	31.9 (1956:21.5)
Materias primas	15.1	10.8	5.0 (1956: 4.1)	6.9 (1956: 7.4)	22.8 (1956:28.5)	23.6 (1956:30.9)
Productos alimenticios	17.0	14.0	12.9 (1956:12.8)	15.9 (1956:15.9)	28.7 (1956:32.3)	27.9 (1956:35.1)
Total	99.0	98.8	98.3	98.4	99.4	99.6

1 Incluye los metales de primera fusión, brutos, que para el tercer mundo representan alrededor del 6% de las exportaciones totales.

FUENTE: ONU, *Anuario estadístico 1966*, cuadro 151.

no se los puede utilizar en el estado en que quedan luego de la primera fusión. El tomo I del *Estudio de la economía mundial 1962*, de las Naciones Unidas, estima la parte correspondiente a los metales comunes, en las exportaciones de los países en vías de desarrollo en 1959, en un 4.5% del total. Por consiguiente, parece razonable, dada la expansión de este sector de la primera fusión de los metales, estimar esta parte en un 6% en 1965 y en un 4% en 1956. Entonces, la parte del cuadro V-4 consagrada a las exportaciones del tercer mundo se convierte en la siguiente

	Exportaciones totales (%)	*Exportaciones hacia los países capitalistas evolucionados* (%)
Productos manufacturados	11.5 (1956 : 9.3)	10.2 (1956 : 7.8)
Combustibles y lubricantes	30.4 (1956 : 25.3)	31.9 (1956 : 21.5)
Materias primas	28.8 (1956 : 32.5)	29.6 (1956 : 34.9)
Productos alimenticios	28.7 (1956 : 32.3)	27.9 (1956 : 35.1)
	99.4	99.6

De esto resulta que las exportaciones del tercer mundo, en 1965, consistieron de productos realmente manufacturados en sólo un 11.5% del total (10% con destino a los países capitalistas evolucionados), y de productos alimenticios, combustibles y materias primas en un 88-89 por ciento del total (90% con destino a los países capitalistas evolucionados).

b) Paul Bairoch [2] observa juiciosamente que la presencia de Hong Kong entre los países comprendidos en los documentos de las Naciones Unidas bajo el término "en vías de desarrollo", a los que aquí se llama tercer mundo, falsea en medida considerable las cifras de exportaciones de productos manufacturados. Señala que más del 75% de las exportaciones de Hong Kong consiste en productos manufacturados hasta el punto de que este territorio, que no representa más que el 3% de las exportaciones totales del tercer mundo, participa con un 16% de las exportaciones de productos manufacturados del tercer mundo. Por consiguiente, estaría justificado reducir en cerca

2. *Op. cit.*, p. 129.

de 1.6 puntos el porcentaje de productos industriales en las exportaciones del tercer mundo.

Pero parece que éste es un dominio en el que resulta excesivo medir las cosas con tanta precisión, y parece más prudente recordar que, *grosso modo,* las exportaciones del conjunto de los países del tercer mundo consisten, en sus nueve décimas partes, de productos primarios o semielaborados que se dividen en tres grandes categorías: productos alimenticios, combustibles minerales (petróleo), y materias primas; y, en una décima parte, en productos manufacturados. Es evidente que esta distribución no es igualmente válida para todas las grandes regiones que constituyen el tercer mundo, y que el porcentaje correspondiente a los productos industriales debería aumentarse, en lo que respecta a América Latina, y reducirse en, por ejemplo, África. Pero no se dispone de datos que permitan apreciar con exactitud suficiente tales diferencias.

Sea como fuere, recuérdese esencialmente la manifestación extraordinariamente característica de la división internacional del trabajo que ofrece la composición del comercio entre el tercer mundo y los países capitalistas evolucionados. Mientras que las ventas del primero a los segundos consisten, en nueve décimas partes, de productos primarios o semielaborados, las de los segundos respecto del primero están constituidas en un 79% por artículos manufacturados. La especialización complementaria de los dos grupos de países es casi absoluta.

Lo que es especialmente grave es que, en el caso de numerosísimos países del tercer mundo, esta especialización se ha llevado hasta un punto que no permiten apreciar las estadísticas globales. También he señalado en el cuadro v-5 la parte que representan, para algunos países de Asia, África y algunos países de América Latina, las exportaciones agrícolas y sobre todo las de uno o dos productos determinados en las exportaciones totales. Vemos, de tal modo, que la exportación de un solo producto va del 50% de las exportaciones totales para la RAU y Siria (algodón) al 72% para Colombia (café) y al 84% para La Reunión (azúcar). El cuadro 6-9 del *Estudio de la economía mundial 1963* proporciona otros ejemplos con productos del subsuelo.

Birmania: arroz + madera de teca + minerales y metales	79%
Bolivia: minerales de estaño, plomo, tungsteno	74%
Chile: cobre + nitrato + maderas	76%
Indonesia: caucho + petróleo + oleaginosas	78%
Federación Malaya: caucho + estaño	64%
Ex Federación de Rodesia y Nyasalandia: cobre + tabaco + amianto	82%
Tailandia: arroz + caucho + minerales de estaño	68%
Venezuela: petróleo + minerales de hierro + café	98%

(Promedio de 1959-1961)

CUADRO V-5
PARTE CORRESPONDIENTE A LA AGRICULTURA EN LAS EXPORTACIONES: 1964
(millones de dólares)

	Exportaciones totales	*Exportaciones agrícolas*	
	Valor	*Valor*	*%*
Argentina	1 410.4	1 294.5	92
carnes y preparaciones,		326.5	23
cereales		500.4	35
Brasil	1 429.8	1 239.6	87
café		759.7	53
Colombia	548.0	432.9	79
café		394.2	72
Cambodia	96.2	88.7	92
arroz		57.2	60
Ceilán	393.9	380.5	96
té		293.6	60
Paquistán	425.2	?	?
yute y cáñamo		214.3	50
Ghana	292.1	252.9	86
cacao		190.7	65
Reunión	37.4	33.9	90
azúcar		31.6	84
Senegal	122.5	117.3	96
cacahuate y aceite de coco		85.7	70
RAU	535.4	396.5	74
algodón en bruto		268.1	50
Siria	176.1	157.3	89
algodón en bruto		88.7	50

FUENTE: FAO, *Anuario de comercio, 1965,* diversos cuadros.

Paul Bairoch, por su parte, indica que en 1963 "por lo que toca al conjunto del tercer mundo, el 55.6% de las exportaciones están constituidas por los productos que van a la cabeza en cada país; y en el caso de los países desarrollados esta proporción no es más que de un 18.5%". Insiste en la necesidad de una diversificación del comercio exterior de los países del tercer mundo, a la vez que observa que este último "depende, evidentemente, en muy grande medida, de su industrialización".[3]

3. *Op. cit.,* p. 131.

¿Los progresos, reales en valor absoluto, modestos o nulos en valor relativo, registrados en la industrialización del tercer mundo en el transcurso de los últimos diez años (véase capítulo IV) se traducen en una modificación de la composición de sus exportaciones? Con la esperanza de poder observar una evolución, en el cuadro V-4 señalado, además de los numerosos porcentajes para 1965 anotamos los correspondientes a 1956. Pero estas cifras, en gran medida, están falseadas por la expansión de las ventas de petróleo, mucho más veloz que la de los demás productos. De 1956 a 1964, la producción de petróleo del tercer mundo más que duplicó su volumen (y fue, sobre poco más o menos, exportada en su totalidad), en tanto que de 1956 a 1965 el valor de las exportaciones totales del tercer mundo no creció a precios corrientes, más que en algo más de un 50% (cuadro V-1). Así también, la baja, entre 1956 y 1965 de la parte correspondiente a las materias primas y a los productos alimenticios en las exportaciones totales del tercer mundo no podría interpretarse como una disminución importante de las exportaciones de estos sectores, cuya expansión real ha sido superada por la expansión enorme de las ventas de petróleo.

Esto no haría sino aumentar la importancia del progreso registrado en las exportaciones de productos manufacturados, que han aumentado en poco más de 2% su participación, en las exportaciones globales (cuadro V-4 modificado anteriormente). Pero ¿no se ha subestimado el aumento de las exportaciones de metales comunes que se encuentran indebidamente incorporados en el cuadro? Por lo demás, hay que observar que, si entre 1956 y 1965 la parte correspondiente a los productos manufacturados en las exportaciones del tercer mundo ha aumentado, también ha aumentado, y todavía más, en sus importaciones. Por último, ¿cuál es, en este progreso de las ventas de artículos manufacturados del tercer mundo, la parte que corresponde a Hong Kong (véase lo antes dicho)? Hay que abstenerse de opinar sobre estas cuestiones hasta contar con cifras más demostrativas y coherentes.

4. LA RELACIÓN DE PRECIOS DEL INTERCAMBIO

Todo el mundo sabe, más o menos bien, que desde la segunda guerra mundial, los precios de los productos primarios que exporta el tercer mundo han descendido en su conjunto, o se han elevado con rapidez francamente menor que los precios de los productos manufacturados que ese mismo tercer mundo compra a los países capitalistas evolucionados. El resultado de esto ha sido, para el tercer mundo, un deterioro, y para los países capitalistas evolucionados, un mejoramiento, de lo que se conoce como "relación de precios del intercambio", es decir, la relación entre el valor unitario medio de las exportaciones y el valor unitario medio de las importaciones. En otras palabras, para el tercer mundo los ingresos provenientes de la exportación de una cantidad dada de productos primarios le permiten importar una cantidad cada vez menor de tales o cuales artículos manufacturados. En un informe que data de principios de 1967, el Centro Internacional para el Desarrollo[4] observa: "en 1964, se compraba un jeep con el valor de 14 sacos de café; en 1952, se necesitaban 39 sacos para ello".

Es cierto que los movimientos de los precios no han sido iguales por lo que respecta a todos los productos de una misma categoría, y la variación de los precios del conjunto de una categoría de productos no es uniforme en el tiempo, como no lo es la de la relación de precios del intercambio. Por ejemplo, la guerra de Corea trajo consigo, en 1951-53, bruscas variaciones, en sentido inverso, de la relación de precios del intercambio de los países subdesarrollados y los países industrializados. Existen también períodos de estabilidad relativa, como el de 1963-65.

Se ha preferido examinar la evolución de la relación de precios del intercambio y del valor unitario de las exportaciones (cuadro v-6) en el período 1955-65, con el triple objeto de abarcar un período reciente, lo suficientemente largo (10 años) como para ser significativo, y lo suficientemente prolongado como para eliminar los movimientos concomitantes o consecutivos a la guerra de Corea.

De tal modo, puede observarse que, durante estos 10 años, el valor unitario de las exportaciones ha aumentado en un 7% para los países capitalistas evolucionados, en tanto que se ha reducido en un 8% por lo que toca al tercer mundo. Donde unos ganan, otros pierden. De esto resulta que, al mismo tiempo, la relación de los precios del intercambio mejoró, tomando como base 1958=100, pasando de 96 a 104 (+8%) para los países capitalistas evolucionados, en tanto que descendió de 108 a 97 (—11%) para los países del tercer mundo considerado en su conjunto. Considerado éste por grandes regiones, la disminución corresponde en un 15% a África, en un 13% a América Latina, en un 8% al Medio Oriente y en un 7-8 por ciento al Asia del sur y del este.

Muchos autores han disertado y discutido ampliamente sobre las causas posibles o probables de un estado de cosas tan alarmante para el tercer mundo. Casi todos han omitido la causa fundamental que, en resumidas cuentas, estriba en una relación de fuerzas desfavorable al tercer mundo. Siendo vendedores de productos primarios o semi-

4. *Le Monde*, París, 8 de marzo de 1967. El Centro Internacional para el Desarrollo es un organismo oficioso al frente del cual están Josué de Castro, presidente fundador, y Maurice Guernier, secretario general.

CUADRO V-6

A. ÍNDICE DEL VALOR UNITARIO DE LAS EXPORTACIONES
(1958 = 100)

	1955	*1960*	*1963*	*1965*
Regiones desarrolladas (= países capitalistas evolucionados + Sudáfrica)	97	100	102	104
Regiones subdesarrolladas (= tercer mundo — Sudáfrica)	105	98	95	97
África	103	94	92	94
América Latina	111	95	94	101
Medio Oriente	94	91	89	89
Medio Oriente (sin petróleo)	99	95	95	95
Asia (área esterlina)	111	114	102	108
Asia (área no esterlina)	106	105	101	103

B. RELACIÓN DE PRECIOS DEL INTERCAMBIO
(1958 = 100)

	1955	*1960*	*1963*	*1965*
Regiones desarrolladas	96	103	104	104
Regiones subdesarrolladas	108	99	97	97
África	106	97	92	91
América Latina	115	96	97	102
Medio Oriente	96	94	89	88
Medio Oriente (sin petróleo)	102	98	96	95
Asia (área esterlina)	112	110	103	104
Asia (área no esterlina)	105	107	99	98

FUENTES: ONU, *Anuario estadístico 1965,* cuadro 16; ONU, *Boletín Mensual de Estadística,* enero de 1967, cuadro especial A.

elaborados que representan las nueve décimas partes de sus exportaciones, se acaba de indicar en la sección anterior que en numerosos países del tercer mundo, la exportación de uno, dos o tres productos proporciona del 50 al 98 por ciento de los ingresos del comercio exterior. ¿Cómo podrían mantener tales países una posición fuerte ante compradores o conjuntos de compradores para los cuales esos mismos productos no constituyen más que un porcentaje ínfimo de sus importaciones? No lo podrían hacer más que constituyendo frentes comunes, estrechamente cerrados, lo cual no ocurre aún. Sin duda, el problema de la organización de los mercados y de la estabilización de los precios de los productos básicos se debate frecuentemente en las organizaciones internacionales, y para tratar de encontrarle una solución oficial se reunió en Ginebra, en 1964, la Conferencia de las

Naciones Unidas sobre Comercio y Desarrollo (UNCTAD). Pero en esta Conferencia, como en tantas otras, como el pequeñísimo número de acuerdos internacionales de productos básicos (trigo, azúcar, estaño, aceite de oliva, café) concertados por estímulo de las Naciones Unidas, produjo finalmente resultados decepcionantes, que he comentado con amplitud en *Le pillage du tiers monde*. Tenía que producir resultados decepcionantes, pues se necesita ser muy ingenuo para creer que en el estado actual de cosas los organismos internacionales proporcionan el marco dentro del cual los países ricos y los países pobres pueden ponerse a discutir en pie de igualdad. En el interior de la esfera de acción del imperialismo, tanto en la esfera de lo económico como en todas las demás, es la relación de fuerzas la que resulta final e invariablemente determinante.

Resulta por demás interesante, a este respecto, estudiar las indicaciones del cuadro v-7, relativas a la evolución, entre 1960 y 1966, de los índices de los precios de exportación (base 1958=100) de los productos fundamentales, por una parte, por lo que toca a las regiones desarrolladas y, por otra parte, en lo que respecta a las regiones "en vías de desarrollo". El índice del conjunto se eleva, por lo que respecta a las primeras, de 99 a 111 (+12), y desciende de 94 a 93 en lo que respecta a los países subdesarrollados. En el sector de los productos alimenticios, el crecimiento es de 98 a 112 (+14) por lo que respecta a los desarrollados, y tan sólo de 84 a 89 (+5) en lo que respecta a los subdesarrollados. En lo tocante a otros productos agrícolas se observa un +9 para los primeros y un —3 para los segundos. En el caso de los minerales, hay un +9 para los desarrollados y un +2 para los demás. Hay una sola excepción: la categoría de los metales comunes no ferrosos, respecto de los cuales el avance de los desarrollados (+41) no está a la altura del de los subdesarrollados (+91).

Sin duda, en el interior mismo de cada categoría, los productos de cada uno de los dos grupos de países no son siempre los mismos. La constancia y la importancia de las diferencias, con una sola excepción, son reveladoras, en su conjunto, del hecho de que los países ricos y fuertes defienden los precios de sus productos fundamentales mucho más eficazmente que los países pobres y débiles los de los suyos. Por su parte, Paul Bairoch[5] ha observado que entre 1952-54 y 1961-63 el precio del trigo ha evolucionado mucho más favorablemente que el del arroz; que el precio del azúcar de remolacha ha aumentado, o se ha mantenido estable, mientras que el precio del azúcar de caña ha bajado (a pesar del acuerdo internacional sobre el azúcar); que la mantequilla había aumentado de precio y que

5. *Op. cit.*, p. 167.

CUADRO V-7

A. ÍNDICES DE PRECIOS DE LA EXPORTACIÓN

(1958 = 100)

		1960	*1961*	*1962*	*1963*	*1964*	*1965*	*1966 3er. trimestre*
Productos básicos	A	99	100	99	105	109	108	111
	B	94	90	89	97	98	93	93
Productos alimenticios	A	98	98	100	107	111	111	112
	B	84	82	82	100	101	88	89
Otros productos agrícolas	A	102	103	99	104	108	106	111
	B	114	104	99	100	101	102	101
Minerales	A	96	97	97	99	102	105	105
	B	91	90	90	90	92	93	93
Metales comunes no ferrosos	A	111	108	106	106	128	143	152
	B	120	114	115	116	147	176	211

NOTAS: A = índices de las exportaciones de las regiones desarrolladas.
B = índices de las exportaciones de las regiones en vías de desarrollo.

FUENTE: ONU, *Boletín Mensual de Estadística,* diciembre de 1966, cuadro especial C-III.

B. ÍNDICES DE PRECIOS DE LOS PRODUCTOS MANUFACTURADOS

(1958 = 100)

	1960	*1961*	*1962*	*1963*	*1964*	*1965*	*1966 3er. trimestre*
Exportaciones mundiales de productos manufacturados	101	102	102	103	104	106	109

FUENTE: ONU, *Boletín Mensual de Estadística,* diciembre de 1966, cuadro especial C-I.

las oleaginosas habían bajado, y que los precios de las frutas de los climas templados habían sufrido una fuerte elevación en tanto que los de las frutas tropicales sólo habían tenido un alza muy moderada.

Numerosos autores han tratado de cuantificar el valor de las pérdidas registradas por los países del tercer mundo a causa del deterioro de la relación de precios del intercambio y numerosos son también, además de diversos, aquellos para quienes estas pérdidas se reducen a una expoliación que hay que contrapesar con la "ayuda" económica al tercer mundo. Limitémonos nuevamente a citar el informe del Centro Internacional para el Desarrollo: "se ha calculado que las utilidades obtenidas de tal manera por los países ricos, importadores de estos artículos, eran iguales o superiores a los 8 000 millones de dólares de ayuda otorgada por ellos al tercer mundo. Por consiguiente, la ayuda no sirve para el desarrollo, y no hace sino cubrir un hueco que al mismo tiempo se abre". El mismo punto de vista puede leerse en François Luchaire,[6] para quien la ayuda es una suerte de "restitución" e inclusive el oficialísimo informe de Jeanneney hace una llamada de atención bastante semejante.

De allí el interés que tiene tratar de estimar las pérdidas sufridas por el tercer mundo a causa del deterioro de los precios de sus ventas y del costo cada vez más elevado de sus compras puesto que, cualesquiera que puedan ser las causas que unos u otros atribuyen a este fenómeno, todos están de acuerdo en decir que son los países capitalistas industrializados los socios que se quedan con las ganancias. François Luchaire, que toma como punto de partida la situación de hace 50 años, estima en 14 000 millones de dólares la pérdida sufrida por el tercer mundo en sus exportaciones de 1965. Paul Bairoch, que toma un punto de partida mucho más cercano (1954) y calcula una baja de la relación de precios del intercambio que elimina los elementos coyunturales del comienzo del período, señala un nivel de deterioro de 12% entre 1954 y 1965 lo cual equivaldría a una pérdida de recursos que ascendería a 4 300 millones de dólares en 1965.[7]

En el cuadro v-6, cuyo año de base es el de 1955, lo que no es tanto como remontarse a las calendas, se advierte que el deterioro de la relación de precios del intercambio para el tercer mundo, en 1965, fue de 108-97=11%, que respecto de los 36 700 millones de las exportaciones del tercer mundo de 1965 arrojan una pérdida de 4 040 millones de dólares.

Pero este cálculo global, como el de P. Bairoch, parece ser algo

6. *L'aide aux pays sous-développés*, PUF, Collect. Que Sais-je? París, 1966 (p. 19).

7. *Op. cit.*, p. 162.

inadecuado en la medida en que se aplica al conjunto del comercio del tercer mundo, sobre todo al 21% del que realizan con otros países del tercer mundo. Ahora bien, el cuadro 152-3 del *Anuario estadístico 1965* de la ONU proporciona la evolución, tomando como base 1958=100, de la relación de precios del intercambio del tercer mundo con los países capitalistas evolucionados, llamados respectivamente clase económica II y clase económica I. Esta relación descendió de 110 en 1955 a 93 en 1963. Como la relación de precios del intercambio no ha variado [8] de 1963 a 1965, esta baja del 17% es válida también para el período 1955-1965. Por relación al monto de las exportaciones del tercer mundo hacia los países capitalistas evolucionados tan sólo (26 360 millones de dólares) este porcentaje nos da una pérdida de 4 481 millones de dólares sufrida por el tercer mundo, en 1965, en su comercio con los países capitalistas evolucionados. Se puede redondearla a 4 500 millones de dólares, cifra que habrá de utilizarse posteriormente. Hay que insistir en el hecho de que esta cifra se ha calculado tomando como base 1955, que por desgracia no es el año 0 a partir del cual comenzó la evolución desigual para el tercer mundo de la relación de precios del intercambio, puesto que Charles Bettelheim estima, por su parte, que a mediados del decenio 1950-1960 la pérdida de los países llamados subdesarrollados en lo relativo a la relación de precios del intercambio era del orden de 6 000 millones de dólares.[9]

5. LOS TRANSPORTES MARÍTIMOS

El cuadro V-8 presenta, para 1965, la composición por grandes grupos de países de la flota mercante mundial expresada en tonelaje bruto. Al tercer mundo no le corresponde más que el 6%, si no se toman en cuenta, como es justo hacerlo, a Liberia y Panamá, que son las banderas con las que se disfrazan los países capitalistas evolucionados.

Por consiguiente, el tercer mundo paga a estos países, que son los que transportan la mayor parte de sus mercancías, un tributo indudablemente pesado por concepto de fletes marítimos. Tiene algún interés tratar de estimarlo, por imprecisa que pueda ser tal apreciación.*

En el comercio del mundo entero, la diferencia entre el valor FOB y el valor CIF es casi exactamente de un 5%. Pero es evidente que esta diferencia carece de valor para los países del tercer mundo que, al comerciar a razón de tres cuartas partes de su intercambio

8. Pero han sufrido un nuevo deterioro en 1966.
9. *Op. cit.*, p. 38.

CUADRO V-8
FLOTA MERCANTE: 1965
(miles de toneladas brutas)

Reino Unido		21 530
Estados Unidos		21 527
Liberia [1]		17 539
Noruega		15 641
Japón		11 971
Grecia		7 137
Italia		5 701
Alemania Federal		5 279
Francia		5 198
Total de países capitalistas evolucionados	(aprox.)	136 500
	% mundial	85 %
Unión Soviética		8 238
Total de países socialistas	(aprox.)	13 900
	% mundial	9 %
India		1 523
Argentina		1 289
Brasil		1 253
Total tercer mundo	(aprox.)	10 000
	% mundial	6 %
MUNDO		160 392

1. Liberia y Panamá, que "prestan" sus pabellones, figuran entre los países capitalistas evolucionados. Liberia, recientemente, ocupó el primer lugar mundial.

FUENTE: ONU, *Anuario estadístico 1965,* cuadro 155.

total con los países capitalistas evolucionados, que en su mayoría están muy alejados de ellos, están obligados a realizar transportes marítimos largos y costosos. He podido calcular, a manera de sondeo, y gracias sobre todo a los cuadros 27 y 28 del *Informe anual 1966* del FMI para seis países del tercer mundo elegidos en zonas geográficas muy distintas, la diferencia entre los valores FOB y CIF de sus importaciones en 1964:

Brasil	16%
Venezuela	4%
Paquistán	12%
Filipinas	11%
Marruecos	4.4%
Ghana	7%

Estos porcentajes son coherentes, aunque el de Brasil parece ser un poco elevado de todas maneras. La media aritmética de la diferencia FOB-CIF en lo que respecta a estos seis países, asciende a un 9% que, por prudencia, reduciremos a 8% para el conjunto del tercer mundo. Aplicado a los 37 000 millones de dólares de las importaciones del tercer mundo en 1965, este 8% nos da una diferencia en valor de 2 960 millones de dólares, que se pueden redondear a 3 000 millones.

Desgraciadamente no he encontrado elementos suficientemente seguros para efectuar una estimación equivalente en lo que concierne a las exportaciones del tercer mundo. Pero es seguro que la incidencia de los fletes, por lo que toca a mercancías de un tonelaje infinitamente más considerable que el de las importaciones, se traduce en una diferencia FOB-CIF mucho más importante en total. Señalemos también (según el cuadro 18 del *Anuario estadístico 1965* de la ONU) que en 1964 África embarcó 148 millones de toneladas de mercancías y desembarcó 67; América del Sur, 242 millones en comparación con 40; Asia, 484 millones de toneladas en comparación con 290. Así también, creemos que es razonable pensar que la diferencia FOB-CIF en lo que toca a las importaciones del tercer mundo, podría ser del orden de por lo menos un 12% por término medio, lo cual, aplicado a los 36 700 millones de las exportaciones del tercer mundo da un valor de diferencia de 4 400 millones de dólares.

La suma de las diferencias de las importaciones y de las exportaciones se eleva, por consiguiente, a 7 400 millones de dólares, que hay que reducir a 7 000 millones para tomar en cuenta la parte muy poco considerable de los intercambios del tercer mundo que pueden efectuarse más allá de las fronteras por ferrocarril o carretera, y a la que, además, debe restarse todavía un 10% para eliminar el costo de los seguros y de los gastos accesorios, o sea que, en definitiva, se tiene una magnitud de 6 300 millones de dólares para los fletes tan sólo.

Si se reconoce que sería legítimo que el tercer mundo efectuase la mitad de la totalidad de los transportes marítimos relacionados con las mercancías que vende y que compra, las ganancias que este transporte debería proporcionarle habrían de ascender, por consiguiente, a 3 150 millones de dólares. Pero como su flota mercante no representa más que el 6% del tonelaje mundial y su comercio exterior tan sólo el 20% del total mundial, no puede utilizar su flota más que para el 30% de su propio intercambio, lo cual representa un ingreso de 6×300=1 800 millones de dólares. Por consiguiente paga, en resumidas cuentas, a los países capitalistas evolucionados, por concepto de transporte marítimo de las mercancías que vende y que compra, un tributo que puede evaluarse burdamente en una cifra de 3 150 — 1 800 = 1 350 millones de dólares, que no es nada despreciable, y que constituye un aspecto casi siempre olvidado en el examen de las relaciones de dependencia entre el tercer mundo y los países capitalistas evolucionados.[10]

6. CONCEPCIONES CRÍTICAS Y SÍNTESIS

Se ha visto (sección 1 del presente capítulo y cuadro V-1) que en 1948, 1956 y 1965, las exportaciones de cada uno de los tres grandes grupos de países participaban en el total de exportaciones mundiales de acuerdo a los porcentajes que ofrece en seguida.

	1948	1956	1965
Países capitalistas evolucionados	63.5	66	68.5
Países socialistas	6.5	10	11.5
Tercer mundo	30	24	20

Los dos primeros grupos no han cesado de presenciar el aumento de su participación relativa, en tanto que el tercer mundo no ha dejado de presenciar la disminución de la suya.

El aumento de las exportaciones de cada grupo de países ha sido el siguiente:

	1948-1956	1956-1965
Países capitalistas evolucionados	+ 87%	+ 87%
Países socialistas	+174%	+113%
Tercer mundo	+ 44%	+ 48%

Así pues, si el progreso, de un período a otro, en el caso de los países capitalistas evolucionados se ha conservado, y si se ha reducido en el de los países socialistas, en cambio aumentó ligeramente por lo que toca a los países del tercer mundo (pero el primer período abarca ocho años y el segundo nueve). No obstante, sigue siendo cierto que durante el segundo período las exportaciones de los países capitalistas evolucionados progresaron en valor un 81% más rápidamente que las del tercer mundo.

De esta situación se han sacado muy generalmente conclusiones que en su conjunto vienen a indicar una suerte de baja del peso económico del tercer mundo, una suerte de relajamiento de los lazos

10. Un razonamiento fundado en la intervención de la flota del tercer mundo para llevar a destino tan sólo sus exportaciones, pero en su totalidad, sería más favorable a mi tesis, pero no sería realista, dada la sirvidumbre de los "fletes de regreso" en los transportes marítimos.

de dependencia de los países capitalistas desarrollados con relación a los subdesarrollados, conclusiones que no se pueden admitir más que después de realizar un inventario más preciso. En efecto, consideramos que se deben hacer dos grandes correcciones a las cifras arriba mencionadas:

A. Tal y como no sería decente que un hombre fuerte que estuviese matando de hambre a un débil se pusiese a observar (e inclusive a asombrarse después) que el débil había adelgazado, nos parece incorrecto, en todas las acepciones del término, aceptar el valor de las exportaciones del tercer mundo, que el imperialismo se arregla para pagar por debajo de su justo precio. Si se añaden al total de las exportaciones del tercer mundo, en 1965, los 4 500 millones de dólares que se le escamotearon en ese año, conforme al punto de partida de 1955 en razón del empeoramiento de la relación de precios del intercambio, se obtiene para el período 1956-1965 un progreso de las ventas del tercer mundo ya no de un 48 sino de un 65 por ciento que se acerca mucho más al de los países capitalistas evolucionados.

Así también, se puede razonar directamente con base en los volúmenes y no en los valores de las exportaciones. Los datos del cuadro 151 del *Anuario estadístico 1965* de la ONU, indican que, sobre la base de 1958 = 100, el índice del volumen de las exportaciones, en lo que toca a los países capitalistas evolucionados, pasó de 97 en 1956 a 168 en 1965, y en lo que respecta a los países del tercer mundo de 97 a 150. El progreso, por consiguiente, es del orden de un 71% en el caso de los primeros y de un 53% en el de los segundos, es decir, un 34% más rápido, aproximadamente, por lo que toca a los países capitalistas evolucionados que por lo que toca a los del tercer mundo, lo cual sin duda es importante, pero queda muy detrás de las cifras en términos de valor, que registraron un progreso un 81% más rápido en el caso de los países capitalistas evolucionados. Pero, ¿cuál es el alcance real de la diferencia que separa a los aumentos de volumen de las exportaciones de uno y de otro grupo de países?

B. Sin duda, no sería inútil recordar que la esencia del comercio y la justificación de su utilidad económica es la de cambiar un bien material cuyo detentador no emplea por otro bien material que le falta y cuya necesidad experimenta, y viceversa, para lo cual sirve de puente la moneda. Ahora bien, podemos preguntarnos en qué medida el intercambio actual entre los países capitalistas evolucionados mismos se ajustan todavía a esta esencia y presentan esta justificación.

Obsérvese primero el avance extraordinario de este comercio intrazonal del grupo de los países capitalistas desarrollados (+ 106%

de 1956 a 1965), que no guarda proporción con el de su PIB (+ 37% de 1965 a 1964). Pero ¿a qué categoría de productos ha afectado especialmente este aumento espectacular del comercio?

El examen del comercio intrazonal de la CEE da una respuesta, parcial sin duda, pero muy significativa no obstante, puesto que, en 1965, ese comercio intrazonal de la CEE representaba el 21.5% del total del comercio realizado entre sí por los países capitalistas evolucionados. En siete años, de 1958 a 1965 (según la *Statistique Mensuelle des Communautés Européennes,* 1966, núm. 12), el comercio intrazonal de la CEE se multiplicó exactamente por tres. Pero, por categorías de productos, las tasas de multiplicación son las siguientes:

Productos alimenticios	2.9
Productos energéticos	1.3
Materias primas	2.5
Máquinas y material de transporte	3.55
Material de transporte	3.9
Otros productos industriales	3.2
Hilos, tejidos y artículos textiles	3.4
Muebles, ropa y calzado	5.7

Es interesante señalar que la tasa de expansión de los productos alimenticios es ligeramente inferior, y que las tasas de expansión de los productos energéticos y de las materias primas son netamente inferiores a la tasa general, en tanto que las tasas de expansión de todos los productos industriales son superiores. Pero las tasas muy grandemente superiores del comercio de algunos grupos de productos más limitados ponen de manifiesto el interés de realizar con mucho mayor detalle las investigaciones, lo que he podido hacer a partir de las estadísticas de comercio exterior de Francia, muy representativas de los países capitalistas evolucionados.

He tomado en consideración las importaciones y las exportaciones concernientes al conjunto de los países extranjeros que no forman parte de la zona del franco. Como Francia comercia todavía muy poco con los países socialistas y como, además, su intercambio con el tercer mundo es, en lo esencial, con la zona del franco, el comercio de Francia con los países extranjeros que no pertenecen a la zona del franco representa, en sus nueve décimas partes, y tal vez más aún, intercambio con los demás países capitalistas evolucionados.

Para el conjunto de los productos siguientes: automóviles, refrigeradores, aparatos electromecánicos domésticos, relojes, calzado, tejidos de lana y de algodón y ropa hecha, las importaciones de fuera de la zona del franco pasaron entre 1956 y 1964 de 214 a

2 026 millones de francos (× 9.5) y las exportaciones de 634 a 3 290 millones de francos (× 5.2). Al mismo tiempo, las importaciones francesas totales se multiplicaron por 1.7, y las exportaciones por 1.9. No cabe duda que la razón de que haya elegido los siete productos que acabo de mencionar, por no poder dedicar mucho tiempo a examinar a fondo las estadísticas francesas, es la de que, a primera vista, de entre los artículos de consumo, son éstos los que parecieron mostrar una expansión particular. No obstante, es cierto que representan por sí solos el 7.3% (del cual más de la mitad corresponde a los automóviles) del total del valor de las exportaciones francesas de 1964, lo que no tiene nada de despreciable. Y la naturaleza de estos productos, cuya expansión comercial ha sido fulgurante, hace reflexionar, tanto más porque, en casi todos los casos, los movimientos registrados en las importaciones y en las exportaciones han tenido como resultado equilibrar mejor en 1964 que en 1956 la balanza comercial francesa y porque el movimiento registrado prosiguió después de 1964 y prosigue aún.

Se advierte una propensión a cambiar, cada vez más, y a un ritmo progresivamente acelerado, artículos manufacturados nacionales por otros artículos semejantes procedentes de otros países industrializados. Esta práctica, que por lo demás no siempre se limita a los bienes de consumo, se ve favorecida por la mayor permeabilidad de las fronteras entre el conjunto de los países industrializados y en particular entre los socios de organizaciones tales como la CEE y la AELE. Pero ¿cuál es la utilidad económica real de tal comercio?

Por ejemplo, los automóviles que Francia importa no se distinguen de los que fabrica más que en algunos detalles. Así, unos y otros proporcionan, poco más o menos, los mismos servicios, y tienen un precio aproximadamente igual. Independientemente de que haya 10 o de que haya 100 marcas en el mercado, éste quedará abastecido de la misma manera, poco más o menos. Es cierto que la abundancia de marcas y de modelos aviva la competencia, acicatea la iniciativa de los productores y despierta el apetito de los compradores. Pero, en resumidas cuentas, intercambiar con otros países industrializados una cantidad considerable de automóviles que se suelen parecer como si fuesen hermanos gemelos parece tener una utilidad económica muy secundaria. El nivel global de la demanda y el de la producción resultan afectados tan sólo en medida muy escasa, y tal vez ínfima.

La motivación de estos cambios no es la necesidad económica, sino esencialmente la moda, el esnobismo, productos de los excitantes publicitarios y de la diversidad de artículos que a veces llega al absurdo en la sociedad de consumo. Inclusive puede preguntarse, a partir de una concepción de las necesidades humanas evidentemente diferente de la que prevalece en el Occidente norteamericanizado, si los esfuerzos realizados, y los gastos efectuados, para los transportes y el establecimiento de las redes de distribución de este comercio recíproco (intercambios que se anulan en la acepción estricta del término), no son, en gran medida, un gran despilfarro. El ver en una estación fronteriza cómo se cruza un tren cargado de Volkswagen 1500 con un tren de Peugeots 204 y 404 sume a uno en un mar de reflexiones, que sin duda no son inútiles.

En todo caso, este comercio no podría de ninguna manera medirse con el mismo rasero que el intercambio rigurosamente complementario y de importancia fundamental que realizan los de los países capitalistas desarrollados, en su conjunto, con los países del tercer mundo. A este respecto, se enfrenta un conservadurismo estadístico que priva a las cifras de su significación y falsea las comparaciones. Además, puede preguntarse hasta qué punto el comercio intrazonal de la CEE, por ejemplo, con la supresión de las barreras arancelarias y de las cuotas, con la armonización, más difícil de realizar pero que se está llevando a cabo, de las cargas fiscales, sociales y de otro carácter, no está a punto de convertirse en algo distinto del comercio internacional. Y no es una pequeña paradoja observar que el comercio entre las dos Italias, la del norte y la del sur, tienen más el carácter de comercio internacional que el de la Italia del norte con los otros cinco países de los seis de la pequeña Europa.

Evidentemente es imposible apreciar, en la expansión del comercio recíproco entre los países capitalistas evolucionados a partir de 1956, la parte que corresponde a este comercio más o menos artificial en el que he insistido un poco. He dicho que esta expansión ha sido favorecida por la AELE y por el Mercado Común, y L. Duquesne de la Vinelle ha estimado[11] que este último había dado lugar, en 1964, a una "creación de comercio" de un orden de magnitud de 4 000 millones de dólares o sea el 9% de las importaciones totales (intra y extra CEE) de los países miembros en ese año. Pero señala también que, de 1953 a 1958, es decir, antes del establecimiento del Mercado Común, el comercio entre los Seis había aumentado en un 75% por comparación con el 48% que aumentó el comercio con los otros países. La expansión del comercio entre los Seis, por consiguiente, no puede atribuirse totalmente al Tratado de Roma, y es seguro que condiciones generales en el conjunto de los países capitalistas evolucionados han hecho posible la gran expansión registrada en su comercio recíproco desde hace

11. *Informations Statistiques,* publicación de la Office Statistique des Communautés Européennes, 1965, núm. 4.

unos diez o doce años, sin exceptuar la parte principal de esta expansión debida al comercio en todo o en parte artificial.

En definitiva, las dos correcciones, la segunda de las cuales no es mensurable, que he efectuado en las cifras de la expansión del comercio desde 1956, por lo que respecta al grupo de los países capitalistas evolucionados y al de los países del tercer mundo, dan respuesta a las reflexiones que muchos se han planteado ante la expresión en dólares de un comercio que no tiene, de ninguna manera, el mismo alcance económico aquí y allá. Pero el análisis sería incompleto también si no se prestase alguna atención al problema primordial de los productos primarios.

Suele leerse, y por obra de autores a veces prestigiados, que no sólo los países capitalistas industrializados compran relativamente cada vez menos a los países del tercer mundo, sino, sobre todo, que les compran cada vez menos materias primas o productos primarios por relación a sus necesidades de tales materias y productos. La fuente de tales afirmaciones, a nuestro juicio, parece estar (puesto que casi nunca se la cita) en algunos documentos de las Naciones Unidas, el más explícito y detallado de los cuales, a este respecto, es sin duda el primer volumen del *Estudio de la economía mundial 1963,* y más exactamente, su capítulo v, titulado "Acceso a los mercados de productos primarios en los países industriales". En este estudio se censan, en el cuadro 5 B-3 que me es imposible reproducir, aunque fuese parcialmente, dada su amplitud, exactamente 140 productos considerados primarios según la CUCI (Clasificación Uniforme del Comercio Internacional). Para cada producto primario se indica, entre otras cosas, en relación a la totalidad de las importaciones de diversos orígenes de este producto del conjunto de los países industriales en 1962, la parte, en porcentaje, que proviene de los países en vías de desarrollo. Estos países coinciden con lo que llamo tercer mundo, con excepción de Sudáfrica que está excluida, y los países industriales de que se habla en este cuadro coinciden con los países capitalistas evolucionados, a los cuales se ha añadido solamente Turquía.

Pero hay que hacer una reserva de importancia capital a este interesante documento.

En él se consideran como productos primarios (y sólo pongo unos cuantos ejemplos):

— el petróleo crudo y los derivados del petróleo,
— los metales y sus minerales,
— los aceites vegetales y las semillas oleaginosas, etc.

Dicho de otra manera, un producto puede ser primario dos veces: en su estado inicial (mineral, por ejemplo) y en el primero o inclusive en el segundo estado de su transformación (metales y aleaciones). La clasificación de la CUCI no toma en cuenta las llamadas "semimanufacturas" o "productos semimanufacturados" o mejor dicho "productos intermedios". Está en su derecho, pero véase a qué conduce esto.

Primer ejemplo: petróleo crudo y derivados. El cuadro mencionado indica que en 1962 los países en vías de desarrollo proporcionaron a los países industrializados el 92.7% de sus importaciones totales de petróleo crudo, pero sólo el 46.4% de sus importaciones totales de derivados del petróleo, pues el 53.2% de estos últimos provenía de otra fuente. Pero ¿cuál era el petróleo crudo del que provenía este 53.2% de derivados del petróleo? De entre los países industrializados, el primer exportador de productos refinados es, con mucho, Estados Unidos, detrás del cual vienen algunos países de Europa occidental que no producen, de hecho, petróleo crudo. Estados Unidos, aunque es un gran productor de petróleo crudo, es también, no obstante, importador neto. Por consiguiente, y sin entrar en más detalles, es claro que el 53.2% de los derivados del petróleo importados por los países industrializados, y que no provino de los países en vías de desarrollo, provenía, en su mayor parte o en su totalidad, del petróleo crudo importado del tercer mundo.

Segundo ejemplo: aluminio y bauxita. En 1962, los países en vías de desarrollo proporcionaban a los países industriales el 86.8% de la totalidad de sus importaciones de bauxita, pero sólo el 3.5% de sus importaciones de aluminio de primera fusión, que provenían, por consiguiente, en casi su totalidad, de otras fuentes. Ahora bien, estos países industrializados no extraían más que el 17% de la bauxita mundial (los países socialistas el 22.5%) y entre los principales exportadores de aluminio (Canadá, Estados Unidos, Noruega, Francia) sólo esta última se hallaba en situación de exportar aluminio procedente de su propia bauxita. De esto se desprende que el 96.5% de las importaciones de aluminio de los países industrializados, que no provenía de países en vías de desarrollo, provenía total o casi totalmente de ellos mismos, pero que este aluminio se había obtenido, en sus cuatro quintas partes por lo menos, de la bauxita del tercer mundo.

Podríamos multiplicar los ejemplos, que conducirían a observaciones semejantes. Empero, las cosas se confunden gravemente cuando, al totalizar los datos concernientes a cada uno de los 140 productos llamados primarios y censados por el documento mencionado, tanto los concernientes a la bauxita como los relativos al aluminio, al final del cuadro se pretende determinar la parte que corresponde a los países en vías de desarrollo en las importaciones de productos primarios de los países industriales. De tal manera se llega a un 43.8%. Pero esta cifra carece de significación para expresar la dependencia real de los países capitalistas evolucionados en relación con el tercer mundo. Pues sin el petróleo crudo del tercer mundo, los países capitalistas evolucionados no habrían podido refinar ni venderse unos a otros más que una cantidad infinitamente menor de derivados del petróleo. Sin la bauxita del tercer mundo, no habrían podido fundir más que una parte ínfima del aluminio que se vendieron unos a otros, etc. Las cifras en las que he fundado el análisis disfrazan tanto más la realidad cuanto que los cambios se expresan en valor y cuanto que, evidentemente, los productos intermedios tienen un precio mucho más elevado que el producto verdaderamente primario. Y esto es explotación mediante la estadística.

Se podrían decir muchísimas otras cosas acerca del famoso cuadro 5 B-3; por ejemplo, que en el cacao se incluye a la manteca y al polvo de cacao, lo cual tiene como consecuencia hacer que el tercer mundo no figure más que con el 85.3% en las importaciones de los países industrializados, siendo que el tercer mundo es, prácticamente, el único productor; por ejemplo, también, el que cuente entre los productos primarios cosas tales como la manteca, las flores y ramas cortadas, el heno y el forraje, el queso o la leña.

Es evidentemente grave que haya autores que acepten sin mayores reservas las cifras resultantes de tales trabajos, u otras cifras análogas fundadas en la misma clasificación estadística y en las mismas amalgamas o también que acepten sin crítica las cifras que registran una baja en valor relativo de las exportaciones del tercer mundo para llegar gravemente a la conclusión, por ejemplo, de que se puede hablar de la "desaparición del pacto colonial".[12] Pero que un economista marxista como Ernest Mandel afirme categóricamente "que los países subdesarrollados pueden cada vez menos... desempeñar el papel de válvula de seguridad del sistema capitalista en su conjunto",[13] es algo que rebosa el vaso.

Otros explican la supuesta baja del peso del tercer mundo en el dominio de las materias primas por la competencia de los sucedáneos sintéticos, y desde hace años han venido previendo la desaparición del algodón ante las fibras artificiales y sintéticas, la del caucho natural ante el sintético. Esta competencia existe, sin duda, pero no le ha impedido a la producción mundial de algodón aumentar en un 25% entre 1956 y 1964 (a la del tercer mundo a un 42%) y a la producción mundial del caucho natural aumentar en más

12. E. Bonnefous, *Les milliards qui s'envolent,* Fayard, París, 1963.

13. E. Mandel, "L'apogée du neo-capitalisme et ses lendemains", *Les Temps Modernes,* agosto-septiembre de 1964.

de un 23% entre 1956 y 1965. Estos moribundos son duros de pelar. Y Jean Vène explica que "no es posible pensar en una sustitución completa del caucho natural por los cauchos sintéticos" que "para algunas utilizaciones correspondientes a un consumo importante el natural es insustituible" y que inclusive algunos "mejoramientos culturales" "garantizarán en el futuro próximo un lugar esencial al caucho natural".[14]

Se dice y se predice también que algunos metales y por consiguiente algunos minerales, están o estarán en peligro por causa de los plásticos. Es cierto que también aquí existe una competencia. Pero, por una parte, no cabe duda de que es prematuro estimar su valor exacto, y, por otra, la materia prima principal de los plásticos, lo mismo que de los tejidos sintéticos y del caucho artificial es el petróleo. Y ningún decreto prohibirá a los países del tercer mundo, cuando se hayan emancipado económicamente, llegar también a la petroquímica, puesto que cuentan con su fuente, lo cual reducirá a límites más justos este sector industrial de los países desarrollados. Por lo que respecta a la energía nuclear, que sin duda constituye a largo plazo una amenaza para el petróleo considerado como energético, basta con observar en cómo los magnates del petróleo se arrojan sobre las exploraciones y las perforaciones nuevas para apreciar que esta amenza es también remota.

¿El tercer mundo, finalmente, es o no es todavía la válvula de seguridad del sistema capitalista en su conjunto? Y, en primer lugar, ¿sigue siendo una salida esencial para los productos industriales de los países capitalistas evolucionados?

Se vio en el cuadro v-1 que estos países dirigían hacia el tercer mundo, en 1965, el 21% del total de sus exportaciones, las cuales representaban el 2.2% de su PIB. En el total de estas exportaciones de los países capitalistas evolucionados hacia el tercer mundo, a los productos manufacturados les correspondía el 79% (cuadro v-4), o sea, 20 900 millones de dólares, es decir, aproximadamente el 6% de su producción manufacturera global. Esta cifra nada tiene de despreciable, y se comprende que un periódico haya puesto a uno de sus artículos el encabezado siguiente: "La OCED teme una baja de las compras de los países subdesarrollados a las naciones europeas".[15] Pero, no obstante, no es por sí sola determinante, y a mi juicio el elemento principal de la dependencia de los países industrializados en relación al tercer mundo no estriba en esto, sino que tiene que ver con las materias primas.

Si no se acepta la totalización del cuadro 5 B-3 del *Estudio de*

14. *Caoutchouc et textiles synthétiques,* PUF, Collection Que Sais-je?, 1961, p. 118.

15. *Le Monde,* París, 27 de agosto de 1965.

la economía mundial 1963, y las conclusiones que algunos han sacado de él, sin exceptuar a los autores del estudio, sino que sólo se aceptan los cálculos mismos, en particular cuando conciernen a los productos considerados individualmente, pueden derivarse de este cuadro las cifras siguientes que proporcionan, en porcentaje, para el año de 1962, la parte que corresponde al tercer mundo en las importaciones totales de algunas materias primas de los países capitalistas evolucionados:

algodón	61.1 %	minerales de:	
caucho	75.5 %	hierro	49.1 %
maderas brutas	49.3 %	manganeso	74.1 %
yute	97.5 %	cobre	57.8 %
		estaño	85.5 %
petróleo crudo	92.7 %	zinc	45.9 %
		plomo	42.7 %
fosfatos	64.5 %	bauxita	86.8 %

Se ve, pues, en todos los casos (con excepción del caucho que agrupa, aquí, al natural y al sintético) el tercer mundo participa en las importaciones de los países capitalistas evolucionados con porcentajes muy superiores a los que representan su parte en la producción mundial, lo cual se explica por el hecho de que sus producciones de materias primas se exportan casi totalmente, en tanto que los países industrializados, por lo general, comienzan por transformar ellos mismos sus propias materias primas.

Como no es posible efectuar estos cálculos por lo que respecta a años diferentes al de 1962 he recapitulado, en el cuadro v-9, las cifras que miden la evolución de la producción mundial y de la parte que corresponde al tercer mundo en lo que respecta a la mayoría de las materias primas arriba citadas. Es conveniente tomar en cuenta, en el examen de estas cifras, que entre 1950 y 1953 se llevó a cabo una acumulación de reservas estratégicas (guerra de Corea), en tanto que después de 1957 estas reservas fueron parcial y progresivamente liquidadas. Dicho sea de paso, este solo hecho da testimonio del interés que ponen los países capitalistas industrializados en los abastecimientos que les llegan del tercer mundo.

A pesar de estos hechos aleatorios, las materias primas que he elegido experimentaron, a lo largo del período considerado, una expansión constante y a menudo muy fuerte, con excepción de los concentrados de estaño y de los minerales de plomo que se estancaron *grosso modo* después de 1956. Ahora bien, en el interior de estas producciones mundiales crecientes, los porcentajes propios del tercer mundo, de 1956 a 1964, han aumentado rápidamente por lo que toca al petróleo y a los minerales de hierro (de los que la CECA es

CUADRO V-9

EVOLUCIÓN DE LA PRODUCCIÓN DE ALGUNAS MATERIAS PRIMAS Y PARTE CORRESPONDIENTE AL TERCER MUNDO: 1948-1964

		1948 [1]	*1956*	*1960*	*1962*	*1964*
Algodón bruto	Mundo (miles de toneladas)	7 600	9 500	10 700	10 900	11 900
	% tercer mundo	33%	37%			42%
Caucho natural	Mundo (miles de toneladas)	1 550	1 920	2 020	2 165	2 275
	% tercer mundo		100%			100%
Petróleo crudo	Mundo (miles de toneladas)	467.1	839.6	1 054.2	1 216.6	1 410.1
	% tercer mundo	34%	42%			51,6%
Fosfatos naturales	Mundo (millones de toneladas)	17 100	28 600	33 500	36 900	44 100
	% tercer mundo		40%			39%
Mineral de hierro	Mundo (millones de toneladas	103.5	186.7	230.9	242.5	281.2
	% tercer mundo		15%			25%
Mineral de manganeso	Mundo (miles de toneladas)	2 200	5 000	5 500	6 000	6 600
	% tercer mundo		44%			47%
Mineral de cobre	Mundo (miles de toneladas)	2 250	3 140	3 840	4 030	4 220
	% tercer mundo		47.5%			52%
Concentrados de estaño	Mundo (miles de toneladas)	148.7	169.1	138.7	143.9	149.5
	% tercer mundo		96%			95%
Mineral de zinc	Mundo (miles de toneladas)	1 800	2 800	2 960	3 130	3 400
	% tercer mundo		27%			24%
Mineral de plomo	Mundo (miles de toneladas)	1 360	1 910	1 940	2 050	1 990
	% tercer mundo		35%			32%
Bauxita	Mundo (miles de toneladas)	8 430	17 870	25 100	27 640	29 510
	% tercer mundo		64%			68%

[1] Para algodón y caucho, las cifras no se refieren a 1948, sino a la media anual 1948-1952.

NOTA: Los totales mundiales son los de los cuadros de referencia, sin corregir.
En algunos casos, excluyen a diversos países, sobre todo socialistas.

FUENTE: ONU, *Anuario estadístico 1965,* diversos cuadros.

el más grande comprador mundial) y aumentado claramente por lo que toca al algodón, los minerales de manganeso, el cobre y la bauxita. Han permanecido apreciablemente estancados por lo que respecta a los fosfatos y a los concentrados de estaño, y han retrocedido en lo tocante a los minerales de zinc y de plomo. Tiene importancia señalar que, de manera casi general, a los crecimientos mundiales muy fuertes o fuertes corresponden acrecentamientos paralelos de la parte correspondiente al tercer mundo (con excepción de los fosfatos, por razón del enorme aumento de la producción soviética) y que la parte que corresponde al tercer mundo desciende allí donde las producciones mundiales se han estancado o han decrecido: plomo, estaño (excepción: el zinc). Dicho de otra manera, el tercer mundo parece estar especialmente bien situado por lo que respecta a los productos que registran la demanda más fuerte del mercado mundial, y que coinciden, además, con aquellos cuya aportación es más voluminosa y cuya importancia es mayor: petróleo, minerales de hierro y bauxita. En el discurso pronunciado el 16 de septiembre de 1966 por el señor George D. Woods, entonces presidente del grupo del Banco Mundial ante la Asamblea de Gobernadores de la institución, puede leerse lo siguiente: "la producción minera de los países en vías de desarrollo ha aumentado, en 10 años, a razón de cerca del 10% al año, en tanto que la elevación es de 2% en las regiones industrializadas. El mundo se ha vuelto cada vez más dependiente de los combustibles y de los minerales que los países en vías de desarrollo pueden producir abundantemente y a bajo precio".

Por su parte, Paul Bairoch [16] ha observado que "por lo que respecta al conjunto de los países de la CEE, las importaciones de minerales de hierro provenientes de los países subdesarrollados pasaron, entre 1960 y 1964, de 15 millones de toneladas a 26 millones de toneladas". Y añade, "situaciones, si no idénticas sí por lo menos muy parecidas, existen en lo que respecta a la mayoría de los demás productos de la industria extractiva", y concluye, "esta evolución, además, habrá de proseguir".

Para el período actual, conviene guardar en la memoria las indicaciones siguientes: [17] al ritmo actual, la producción mundial de petróleo habrá de duplicarse en 10 años, y más de las tres quintas partes del avance reciente se han debido al Medio Oriente y al África. África, que actualmente no suministra más que el 6% de la bauxita, posee un tercio de las reservas mundiales. El abastecimiento de cobre, a pesar de una ligera mejoría de la producción de Katanga en 1965 y de la explotación de dos nuevos yacimientos en Zambia, sigue

16. *Op. cit.,* p. 75.
17. Véase *Images économiques du monde,* 1966, pp. 55, 66, 67, 70, 82.

siendo difícil: las cotizaciones se han elevado en un 13%, las existencias han disminuido en un 40%; y, a pesar de ello, el consumo ha aumentado. El mercado internacional del estaño sigue siendo deficitario; las existencias gubernamentales han descendido en Estados Unidos. Por cuarto año consecutivo, los consumos de plomo y de zinc han rebasado la producción. La situación en el mercado del manganeso podría volverse difícil: con una demanda máxima, Estados Unidos ha absorbido el 35% de la producción mundial y las grandes existencias han bajado fuertemente desde 1957. La recuperación del aumento del consumo del caucho natural, después de dos años de estancamiento, es el hecho sobresaliente de 1965.

Lo menos que se puede decir, por lo tanto, es que, con excepción del algodón, respecto del cual los presagios son más pesimistas, las materias primas y sobre todo los productos del subsuelo del tercer mundo encuentran actualmente, y a corto plazo, condiciones muy favorables para proseguir y acelerar las expansiones registradas.

Si se quiere tener una idea de las perspectivas a más largo plazo, habrá que recurrir al documento titulado *Réflexions pour 1985,*[18] al que ya hice alusión en *Le pillage du tiers monde.* Se trata de un informe realizado a petición del gobierno francés para aclarar las orientaciones del Quinto Plan, efectuado por un grupo de expertos que trataron sobre todo (cap. 14) de determinar cuáles serían las necesidades francesas de minerales, en 1985, en relación a las necesidades actuales.

El petróleo, evidentemente, tendrá que ser importado casi en su totalidad. Por lo que respecta al mineral de hierro, la importación deberá abarcar un volumen de contenido de hierro poco más o menos igual a la producción nacional. Los autores señalan "que la técnica parece orientarse hacia una menor utilización de chatarra recuperada, para la misma cantidad de acero producido". Las necesidades deberán ser totalmente satisfechas por la importación en lo que respecta a los minerales de cobre, de manganeso, de plomo y de zinc, y en un 50% en lo tocante a la bauxita; las importaciones de fosfatos deberán multiplicarse al menos por 3 entre 1963 y 1985.

En total, siendo que las importaciones de minerales representaron en 1961 las dos quintas partes de las necesidades, en 1985 podrían constituir por lo menos las cuatro quintas partes y entonces se habrían multiplicado aproximadamente por cinco. Y el informe añade, cosa que es muy importante: "la economía europea, en su conjunto, se encontraría en una situación análoga". Por último señala: "al parecer no habrá ninguna dificultad física para obtener estos recursos minerales importados, pues las reservas mundiales de cada mineral

18. La Documentation francaise, París, 1964.

parecen ser en gran medida suficientes (con alguna incertidumbre, sin embargo, en lo relativo al uranio, el plomo, el zinc)".

El informe no indica de dónde podrán venir, en lo esencial, estas importaciones multiplicadas aproximadamente por cinco, y no sólo en lo tocante a Francia, sino a Europa entera, confiando sin duda en que otros lo averiguarán. Pero ¿no está comprendida ya la respuesta en los acontecimientos precedentes? Las *Réflexions pour 1985* no hacen sino dar en cifras la confirmación. Sin duda se trata sólo de previsiones, y las cifras sólo deberían considerarse como amplios órdenes de magnitud. No obstante, está permitido afirmar que, en un plazo de 20 años, las fábricas de los países imperialistas, en su conjunto, serán infinitamente más dependientes de las materias primas y, sobre todo, de los productos del subsuelo del tercer mundo de lo que son hoy.

Digo "las fábricas de los países imperialistas en su conjunto" y, por consiguiente, incluyo las de Estados Unidos. Una opinión muy difundida, pero poco comprobada, dice que este país, que es la primera potencia industrial del mundo, dispone de materias primas del subsuelo y de reservas que lo ponen al abrigo durante largo tiempo de toda dependencia exterior en este dominio. Pero Harry Magdoff, en un estudio reciente y por demás interesante [19] da una visión más exacta de la realidad a este respecto: "Sin duda, Estados Unidos siempre ha tenido necesidad del subsuelo extranjero para abastecerse de algunos minerales (por ejemplo, de bauxita, cromo, níquel, manganeso, tungsteno, estaño), pero no obstante ha sido lo suficientemente independiente como para exportar, hasta fecha muy reciente, una gran variedad de materias primas. Este hecho sirve de caballo de batalla para quienes quieren, a toda costa, que el capitalismo norteamericano no tenga necesidad de ser imperialista. Pero este argumento, que ya no era muy profundo anteriormente, hoy ya no se puede sostener de ninguna manera. La perspectiva de un agotamiento de los recursos del subsuelo norteamericano, que comenzó a esbozarse claramente desde la década de los cuarenta, asustó al presidente Truman que formó una comisión especial para estudiar el problema y enterarse del mismo. El informe de la Comisión *Resources for freedom* (Washington, D.C., 1952), resumió la situación en lo tocante a todas las materias primas (con excepción del oro y de la producción agrícola) mediante el paralelo siguiente: a principios de siglo, Estados Unidos producía en general un volumen de materias primas que superaba en un 15% al volumen del consumo interior; en 1950, ya no había excedente, sino un déficit, pues Estados Unidos

19. *Monthly Review,* noviembre de 1966, estudio reproducido en *Les Temps Modernes* de marzo de 1967, con el título de "Les aspects économiques de l'impérialisme américain".

consumía un 10% más de lo que producía; habida cuenta del aumento del consumo, en 1975 la producción de materias primas será cerca de un 20% inferior a las necesidades de la industria norteamericana".

Así pues, si Estados Unidos es relativamente menos dependiente que Europa occidental y Japón, de los minerales del tercer mundo, sin embargo también es dependiente, y lo será todavía más en el porvenir.

Sin duda, la participación, medida en dólares, de las materias primas y de los minerales no es muy elevada en las exportaciones mundiales, y tal vez no aumentará casi. Pero los dólares y las estadísticas, en su estructura actual, son insuficientes para medir los lazos de dependencia que se expresan en el comercio internacional. Y, discrepando de quienes se contentan con ellos, puede afirmarse que el tercer mundo sigue siendo la válvula de seguridad del sistema capitalista en su conjunto, y lo será cada vez más. Volveré a considerar este tema en el último capítulo.

CAPÍTULO VI

MOVIMIENTOS DE CAPITALES: LA AYUDA AL TERCER MUNDO

Este capítulo se divide en tres secciones:

1) La ayuda al tercer mundo;
2) Las inversiones privadas norteamericanas;
3) Las corrientes inversas de capitales.

La primera y la segunda secciones pondrán de manifiesto, especialmente, los movimientos de capitales que se dirigen desde los países ricos hacia el tercer mundo, en tanto que la tercera hablará de los movimientos en sentido inverso, de los cuales se hace caso omiso mucho más a menudo y que, sin embargo, requieren que se les preste una atención muy particular.

1) LA AYUDA AL TERCER MUNDO

La recapitulación más completa (e inclusive, como se verá, demasiado completa) de los diversos elementos constitutivos de la ayuda o de la asistencia económica al tercer mundo se encuentra en los documentos procedentes del CAD o sea del Comité de Asistencia al Desarrollo, organismo constituido en 1960 bajo la égida de la OCED. En el cuadro VI-1 he reproducido los datos esenciales relativos a los años de 1960, 1963, 1964 y 1965. La nota 2 de este cuadro muestra que el CAD agrupa casi a la totalidad de los países capitalistas evolucionados que prestan ayuda a los países subdesarrollados.

La parte de la ayuda que no proviene de los países miembros del CAD (parte baja del cuadro) es escasa, y está constituida principalmente por la asistencia de los países socialistas, que el informe anual 1965/66 del Banco Mundial estima en 500 millones de dólares para cada uno de los años de 1964 y 1965. Esta ayuda socialista es evidentemente pública, consiste esencialmente en préstamos cuyo interés es generalmente del 2.5%, y está destinada en su mitad, aproximadamente, a la industrialización de los países auxiliados.

Pero como mi objeto principal es el estudio de las relaciones económicas entre el tercer mundo y los países capitalistas evolucionados pondré sobre todo la atención en la ayuda procedente de estos últimos.

CUADRO VI-1

AYUDA AL TERCER MUNDO

Monto total neto de las aportaciones a los países menos desarrollados,[1] *1960/65 (millones de dólares)*

	1960	*1963*	*1964*	*1965*
I. Sector público bilateral, neto	4 317	5 712	5 441	5 773
a) Donaciones y contribuciones		4 040	3 836	3 798
Asistencia técnica		(858)	(950)	(1 048)
Reparaciones e indemnizaciones		(140)	(126)	(141)
Préstamos rembolsables en moneda local		(306)	(229)	(130)
Ventas pagaderas en moneda local		(999)	(1 056)	(810)
b) Préstamos a largo plazo, neto		1 673	1 604	1 975
II. Sector público multilateral, neto	671	411	441	498
III. Inversiones y préstamos privados, netos		1 838	2 318	3 138
a) Inversiones directas nuevas		1 011	970	1 371
b) Utilidades reinvertidas		620	743	836
c) Inversiones en cartera		206	605	931
	2 958			
IV. Créditos privados a la exportación a más de un año, netos:				
garantizados		487	777	646
sin garantizar		65	104	95
Total		552	881	741
Total, países miembros del CAD [2]	7 947	8 513	9 081	10 150
Monto estimado de las aportaciones de los países que no son miembros del CAD	360	647	662	675
Aportes multilaterales adicionales, netos [3]	—604	+256	+195	+131
Total recibido por los países menos desarrollados	7 703	9 416	9 938	10 956

[1] Estos países comprenden, aparte los del tercer mundo, a los países europeos siguientes: España, Grecia, Yugoslavia, Malta, Chipre y Gibraltar, así como Israel.

[2] Son Estados Unidos, Canadá, Austria, Bélgica, Dinamarca, Francia, Alemania federal, Italia, Países Bajos, Noruega, Portugal, Suecia, Reino Unido, Japón y Australia.

[3] Diferencia entre las inversiones efectuadas por los organismos multilaterales y sus ingresos en el curso del año, sin exceptuar a los provenientes de los países de los que no son miembros del CAD.

FUENTE: *Efforts et Politiques d'Aide au Développement 1966,* OCED, cuadros II, 5, 6 y 7.

Los datos reproducidos en el cuadro VI-1 muestran que, de 1960 a 1965, la ayuda total de los países miembros, tal cual la estima el CAD, pasó de 7 947 a 10 150 millones de dólares, es decir, registró un aumento de 27.7% a precios corrientes. En ese mismo lapso, el PNB del conjunto de los países de la OCED, aumentó en un 27%, pero a precios constantes.[1] Hay que hacer pues una primera observación: durante la primera mitad del famoso "decenio del desarrollo", durante el cual se habrían de hacer esfuerzos particulares para ayudar económicamente al tercer mundo, esta ayuda avanzó, a precios constantes, menos rápidamente, con toda claridad, que el PNB de los donadores (alza de los precios de 2.5% al año). Así pues, en valor relativo, bajó. En porcentaje del ingreso nacional, el monto neto de los medios financieros proporcionados por los países industriales de la OCED a los países subdesarrollados y a los organismos multilaterales ha evolucionado de la siguiente manera:[2]

1960	1.19%
1961	1.23%
1962	1.06%
1963	1.00%
1964	0.97%

Por consiguiente, se ha producido un descenso de 1.19 a 0.97 por ciento.

Pero es conveniente aun reducir a cifras más justas la ayuda total de los países miembros del CAD, y para lograrlo hay que filtrar cuidadosamente sus elementos componentes, todos los cuales se dan en valores netos, es decir, habiendo deducido las amortizaciones.

Hay que detenerse desde la primera línea: la asistencia técnica, estimada en 1964-65 en cerca de un mil millones de dólares. Si se habla en términos de corriente de capitales, hay que recordar que algunos países donadores, entre los cuales figura Francia, depositan generalmente los pagos del personal técnico en cuentas que se les abren en el país de origen, y de las cuales sólo se toma y, por consiguiente, sólo se transfiere al país en el que se trabaja, lo que es necesario para vivir, y el resto, que es a menudo importante, constituye un ahorro. En otros casos, la remuneración corre a cargo, en parte, del país de origen, y en parte, del país receptor. Hay que señalar también que, por razón de los sobresueldos que se dan al servicio de ultramar y otras compensaciones, el personal técnico está sobrepagado. Sin entrar por el momento a considerar el problema de la eficacia de la ayuda, que a menudo es dudosa, hay que reconocer, por consiguiente, que las cifras están infladas, pero en una medida que no sería fácil apreciar.

1. *Croissance économique 1960-1970,* OCED, 1966, p. 22.
2. *Id.* OCED, 1966, p. 56.

El problema es más sencillo en lo que concierne a las reparaciones e indemnizaciones pagadas por Alemania, Italia y Japón, pues la contabilización de estas "reparaciones" en el capítulo de ayuda toca en lo indecente. Por consiguiente, en este caso lo que hay que hacer es eliminarlas totalmente.

Los "préstamos rembolsables en moneda local" merecen una sola observación, que es la de que, después de todo, no son donativos, sino préstamos, y deberían clasificarse entre los primeros, y no entre los segundos. El caso de las ventas pagaderas en moneda local es más espinoso. Estas ventas sólo las efectúa Estados Unidos. Realizadas en virtud de la Ley Pública 480, consisten en la venta de productos agrícolas sobrantes que se pagan con la moneda del comprador, la cual a menudo no es convertible. Pero una parte de este dinero sirve para pagar los gastos diplomáticos o militares de Estados Unidos en el país importador, es decir, que si estas ventas no le proporcionan divisas convertibles, sí permiten a Estados Unidos evitar transferencias de dólares para sus embajadas o sus bases. La parte del dinero así adquirido que se consagra a los gastos gubernamentales norteamericanos es variable, y en este caso es también difícil una estimación seria.

En cuanto a las inversiones y préstamos privados, hay que discutir el acierto de incluir en la ayuda a las "utilidades reinvertidas", es decir, la parte de las utilidades ganadas por las empresas extranjeras en el tercer mundo que se vuelve a invertir en el lugar del que se sacaron, generalmente para el autofinanciamiento. Estas utilidades reinvertidas, que en 1964-65 no representaban, por lo demás, globalmente más que el 14-15 por ciento de la totalidad de las ganancias realizadas por las inversiones privadas en el tercer mundo, y cerca del 20% de los ingresos de las inversiones directas tan sólo, no podrían calificarse, para el análisis, más que como un ahorro interior, pues no aportan ninguna divisa nueva al país en el que se ha realizado la inversión. Se podría replicar que economizan una salida de divisas por concepto de transferencia de dichas utilidades, si no hubiese habido reinversión. Esto es tanto como no querer entender que estas reinversiones, en la gran mayoría de los casos, son provocadas por la legislación del país receptor, que no autoriza la transferencia más que de una parte de las utilidades. Y si esta reinversión ha sido deseada por la empresa extranjera, si corresponde a sus intereses, esta última, a falta de utilidades, habría tenido que importar las divisas correspondientes. Este renglón de la ayuda a los países subdesarrollados, por consiguiente, tiene que suprimirse pura y simplemente.

En cuanto a los créditos privados a la exportación éstos casi siempre están garantizados por los países de origen de las empresas exportadoras. Como Francia es el país capitalista evolucionado que más practica estos créditos, el examen de su caso tendrá un gran alcance. Obsérvese primero que la legislación francesa en materia de créditos a la exportación es anterior a la aparición del tercer mundo y, por consiguiente, a la ayuda al tercer mundo, puesto que la Compagnie Française de Assurance pour le Commerce Extérieur (COFACE), especializada en estas operaciones, fue creada por decreto del 1 de junio de 1946 en aplicación de una ley del 2 de diciembre de 1945. Los folletos editados por la COFACE en 1960 y 1967, acerca del seguro a los créditos a la exportación, no hacen en ningún momento una distinción entre los países destinatarios de las exportaciones que se benefician con los créditos, porque estos últimos no están, de ninguna manera, reservados a los países subdesarrollados. Lo mismo puede decirse de una noticia publicada en 1965 por el Centre National du Commerce Extérieur (CNCE) titulada *Généralités sur le crédit à l'exportation,* con la sola reserva de que los créditos a más de cinco años sólo se conceden "a las operaciones importantísimas relativas a bienes de equipo pesado que hay que entregar a los países en vías de industrializarse". Por último, en febrero de 1967, a instancias del gobierno se llevaron a cabo audiencias en materia de comercio exterior, que tuvieron como tema capital el financiamiento de las exportaciones, y de las cuales el periódico *Le Monde* informó extensamente en sus números del 10 y del 11 de febrero. En estos informes se buscaría en vano la menor referencia a una ayuda al tercer mundo, pero en cambio se encuentra la noción de "ayuda a las exportaciones" y numerosas alusiones a la competencia internacional. El fondo del problema, en efecto, se sitúa en este plano, pues todos los créditos, estímulos y ayudas a las exportaciones constituyen un arsenal de medidas destinadas a permitir a las empresas exportadoras hacer frente mejor a la competencia extranjera en los mercados del mundo entero, sin exceptuar a los de Estados Unidos y los países socialistas. ¿Así, pues, hay que reconocer que Francia ayuda a Estados Unidos, que ayuda a la Unión Soviética y a China?

Todos los países capitalistas industrializados, además, practican la misma política, con medidas de igual naturaleza, hasta tal punto que se produce una suerte de puja en las ayudas nacionales a la exportación, y el informe 1965-66 del Banco Mundial denuncia, inclusive, una inflación de los créditos, cuya tasa de interés, sin embargo, parece ser, en muchos casos, demasiado elevada.[3] Sea lo que fuere, es difícil reconocer que los créditos a las exportaciones constituyan, propiamente hablando, una ayuda al tercer mundo. Hemos visto que no se instituyeron, ni se desarrollaron con esta finalidad, ni mucho menos, y que si los países subindustrializados se benefician tanto como otros, y

3. Goran Ohlin (*Aide et Endettement,* OCED, 1966) estima que estas tasas "alcanzan algunas veces niveles muy elevados en un 10 a un 15 por ciento" (p. 36).

quizá todavía más que otros, es solamente porque sus mercados presentan un interés particular, sobre todo para los exportadores de equipo pesado. El informe de la OCED,[4] que sin embargo es un alegato en favor de la ayuda en general, no solamente señala que estos créditos van acompañados "de condiciones que figuran entre las más rigurosas", no sólo menciona "una suerte de competencia desleal" de parte de los exportadores-prestamistas, sino que llega inclusive a decir lo siguiente: "En la medida en que los créditos a la exportación se emplean para el financiamiento del desarrollo...", restricción que, en tal documento, suena casi a confesión. Y el periódico *Le Monde* del 13-14 de agosto de 1967, al analizar un informe de la Comisión de la CEE que constituye un inventario mundial (con excepción de Estados Unidos) de estas facilidades, puso el siguiente encabezado a su artículo: "Los créditos a más de cinco años desempeñan un papel esencial en la política comercial de los países exportadores", y el siguiente subtítulo: "Desgraciadamente, benefician más a los clientes ricos que a las naciones subdesarrolladas".

Así pues, haciendo las cuentas: de los 10 150 millones de dólares que constituyen, según el CAD, el total de la ayuda otorgada por sus miembros en 1965, conviene deducir:

Reparaciones e indemnizaciones	141
Utilidades privadas reinvertidas	836
Créditos a la exportación	741
	1 718 millones de dólares

Se recordará, además (véase nota 1 del cuadro VI-1), que el CAD incluye en la ayuda a los países menos desarrollados la que se proporciona a diversos países sudeuropeos e Israel. Estos países habían recibido de los países miembros del CAD, en 1964, una ayuda pública bilateral y multilateral igual a 462 millones de dólares,[5] la cual es razonable estimar en 500 millones de dólares en el año de 1965, a los cuales hay que añadir la parte que corresponde a estos países en las inversiones privadas, especialmente importantes en España. Así pues, por lo bajo conviene deducir unos 600 millones de dólares por estos conceptos.

Pero, por lo demás, es justo añadir, por una parte, lo que corresponde a los países no socialistas y no miembros del CAD en el penúltimo renglón del cuadro VI-1, o sea alrededor de 175 millones de dólares y, por otra parte, 131 millones de dólares de aportaciones multilaterales adicionales, o sea un total de 306 millones de dólares.

4. *Efforts et politiques d'aide au développement*, 1966.
5. *Répartition géographique des ressources financières mises à la disposition des pays moins développés*, OCED, 1966.

En resumidas cuentas, se llega a una ayuda global al tercer mundo, procedente del conjunto de los países capitalistas evolucionados, en 1965, que ascendió a 10 150 – (1 718 + 600) + 306 = 8 138 millones de dólares, que reduciremos a 8 000 millones de dólares para tomar en cuenta la sobrestimación de la cifra, indudable aunque no mensurable, que he señalado en los renglones "asistencia técnica" y "ventas pagaderas en moneda local".

Es notable que esta cifra de 8 000 millones de dólares sea también aquella a la que llega igualmente el Centro Internacional para el Desarrollo (presidente fundador, Josué de Castro) en un manifiesto,[6] sin que sepa si los pasos por los cuales se llegó a esta cifra son semejantes a los míos. Sea como fuere, estos 8 000 millones de dólares representan alrededor del 0.78% del ingreso nacional, o 0.70% del PIB de los países que prestan la ayuda, y el 3.5% del PIB de los que la reciben.

Si se admite, como hace Guy-Willy Schmeltz,[7] que "se necesitaría, para aumentar en un 2% al año el ingreso nacional de las naciones proletarias una inversión anual que representase el 25% del producto bruto actual durante los 25 próximos años", y esto tomando en consideración la tasa actual de aumento de la población, se percata uno de que los países capitalistas ricos no aportan al tercer mundo más que el 14% de lo necesario para alcanzar un objetivo muy modesto. Y esto suponiendo que la ayuda se utilice eficazmente, y sin ataduras de ninguna suerte, lo que dista mucho de ser el caso.

La ayuda de los países capitalistas evolucionados al tercer mundo está constituida aproximadamente por:

38/40 % de donaciones públicas bilaterales;
24/25 % de préstamos públicos bilaterales;
28/30 % de inversiones privadas;
7/8 % de ayuda multilateral.

Distribución de la ayuda. Por países principales de origen de la ayuda, ésta se distribuyó en 1954-65, a grandes rasgos, de la manera siguiente:

Estados Unidos	53-55 %	del total
Francia	13-15 %	,, ,,
Reino Unido	9-10 %	,, ,,
Alemania federal	7 %	,, ,,
Japón	3-5 %	,, ,,

Francia y Estados Unidos (siendo estos últimos países los únicos que practican los préstamos rembolsables y las ventas pagaderas en

6. Publicado por *Le Monde,* París, 8-9 de marzo de 1967.
7. *L'Économie du tiers monde,* La Colombe, París, 1965, p. 57.

moneda local) llevan a cabo una cantidad relativamente mayor de donaciones y menor de préstamos públicos que los otros. Igualmente, hacen más inversiones privadas directas que los otros (Estados Unidos: alrededor del 60% del total de las inversiones nuevas; Francia: 15 a 20%). Estados Unidos aporta a las instituciones internacionales de ayuda del 55 al 62 por ciento del total de los recursos de estas últimas, seguidos por el Reino Unido (aproximadamente, el 10% y Francia: el 5%).

La distribución de ayuda por regiones que la reciben es la que aparece, con excepción de los inversiones privadas, en el cuadro VI-2, en lo que respecta a los años 1960 y 1964. Las cifras provienen de un

CUADRO VI-2
DISTRIBUCIÓN GEOGRÁFICA DE LOS RECURSOS FINANCIEROS PUESTOS A DISPOSICIÓN DE LOS PAÍSES MENOS DESARROLLADOS Y DEL TERCER MUNDO (1960-1964)
(millones de dólares)

	Fondos públicos bilaterales netos		*Fondos multilaterales netos*		*Créditos privados a la exportación garantizados* [1]	
	1960	*1964*	*1960*	*1964*	*1960*	*1964*
Europa meridional e Israel	491	414	—8	48	116	164
América Latina	278	676	11	314	276	86
% del total [2]	8%	14%	4%	44%	72%	13%
Norte del Sahara	709	645	89	28	6	113
Sur del Sahara	615	932	69	157	58	193
Total África	1 324	1 577	158	186	64	306
% del total [2]	35%	32%	54%	26%	17%	46%
Medio Oriente (sin Israel)	149	98	29	37	48	—32
Asia del Sur	1 059	1 712	63	123	—71	115
Lejano Oriente	830	725	9	43	70	179
Total Asia	2 038	2 535	101	203	47	262
% del total [2]	54%	51%	35%	28%	12%	40%
Oceanía y no examinados	142	192	20	13	—5	5
Totales	4 272	5 392	282	764	498	823

1. Variaciones netas. Israel está comprendido en el Medio Oriente.
2. Sin contar a Europa meridional.

FUENTE: *Répartition géographique des ressources financières mises à la disposition des pays moins développés, 1960-1964*, OCED, cuadros diversos.

documento de la OCED, que no he rectificado. Sus totales, por lo demás, no corresponden exactamente con los que he reproducido en el cuadro VI-1, que provienen también, sin embargo, de la OCED. Así, pues, es conveniente considerarlos tan sólo como aproximaciones. Las enseñanzas que hay que sacar de esto no son menos interesantes.

Desde el punto de vista del conjunto de los fondos públicos bilaterales y multilaterales en 1964, América Latina recibió, por habitante, 4.3 dólares; África, 5.9 dólares, y Asia, 2.9 dólares. Si se considera la evolución entre 1960 y 1964, se advierte que, en porcentaje del total, América Latina ha avanzado notablemente, en tanto que las partes correspondientes a África y a Asia han bajado en valor relativo.

Pero en el interior de cada uno de los tres continentes se observan grandes disparidades entre los países receptores de asistencia. Por ejemplo, en 1964 Corea del Sur recibió 170 y Vietnam del Sur 244 (en total 414) de los 725 millones de dólares asignados, en forma bilateral, a trece países del Extremo Oriente. Además, la ayuda a Vietnam no se quedó solamente en esto: en el año fiscal de 1965-66 recibió tan sólo de Estados Unidos 590 millones de dólares de ayuda económica, y se adelantó a la India, que no recibió más que 310 millones de dólares de Estados Unidos.[8] La ayuda concedida a Vietnam del Sur representó más de la quinta parte de la ayuda económica total concedida por Estados Unidos al mundo entero.[9] El 6 de enero de 1967, el periódico *Le Monde* publicó una noticia de Nueva Delhi en la que se leía: "Los nuevos principios que gobiernan la ayuda para alimentos concedida por Estados Unidos han sido objeto de críticas muy severas, e inclusive algunos comentaristas lo consideran como un medio de presión que Washington querría utilizar para 'castigar' a una India que se niega a apoyar la causa norteamericana en Vietnam".

Estas cifras y estos hechos muestran hasta qué punto está politizada la ayuda pública al tercer mundo. Me he extendido mucho a este respecto, que ya nadie discute mayormente, en mi obra anterior, tal y como he criticado ampliamente la eficacia real de la ayuda. Por lo tanto, no añadiré nada aquí, y me limitaré a citar a J. Suret-Canale que dice, por lo que respecta a la ayuda bilateral francesa, que "en el período 1959-62, el porcentaje de los créditos del FAC (Fondo de Ayuda y de Cooperación) destinados a los estados de África occidental y consagrados a la industrialización propiamente dicha representa, sobre el total de estos créditos, tan sólo el 0.15%".[10] Re-

8. *Le Monde*, París, 30 de agosto de 1966.

9. En 1967-68, Vietnam del Sur recibirá una ayuda económica de Estados Unidos superior a la de toda África.

10. "Les rapports de la France et du tiers monde", *Démocratie Nouvelle*, diciembre de 1966.

cordemos que la ayuda de los países socialistas se destina, aproximadamente en su mitad, a la industrialización de los países auxiliados.

El mismo J. Suret-Canale me ha reprochado haber separado absolutamente, en *Le pillage du tiers monde,* en la ayuda de los países capitalistas a los países subdesarrollados, a las inversiones de capitales privados de la ayuda pública, y ha observado que en los regímenes capitalistas los móviles de ambas formas de ayuda son los mismos, en lo cual estamos de acuerdo. Además, citaré a este respecto, según Harry Magdoff,[11] al antiguo presidente director del Banco Mundial, E. R. Black, que es un perito en la materia: "...nuestros programas de ayuda al extranjero constituyen una nueva fuente de ganancias para las empresas norteamericanas. Las tres ventajas principales que obtienen las empresas son las siguientes: 1) la ayuda al extranjero proporciona inmediatamente mercados importantes para los productos y los servicios norteamericanos; 2) la ayuda al extranjero favorece el desarrollo de nuevos mercados de ultramar para las compañías norteamericanas; 3) la ayuda al extranjero establece en los países que la reciben el sistema de libre empresa en el seno del cual pueden prosperar las empresas norteamericanas".

No obstante, por una parte, es cierto que las inversiones privadas permiten realizar un análisis más profundo de los móviles de la acción imperialista en el tercer mundo, y, por otra parte, que ejercen en los movimientos de capitales efectos que les son propios y que tienen un alcance considerable. Así también, aunque haya integrado hasta ahora las inversiones privadas en la ayuda de conjunto, les destinaré un apartado especial, sobre todo a las inversiones norteamericanas.

2) LAS INVERSIONES PRIVADAS NORTEAMERICANAS

Hemos visto que las inversiones privadas directas nuevas de Estados Unidos representaron en 1964 y 1965 cerca del 60% del total de las inversiones del mismo carácter realizadas por el conjunto de los países capitalistas evolucionados en el tercer mundo (por comparación con el 50% en 1963). Además, las inversiones privadas bilaterales en cartera de Estados Unidos en el tercer mundo ascendieron al 45% del total en 1963, al 61% en 1964 y al 68% en 1965. Así pues, estas inversiones privadas, nuevas, norteamericanas son muy representativas del conjunto, ya que su monto anual es, a la vez, mayoritario y creciente y, como todo el mundo sabe, son las que hoy en día marcan el paso.

El cuadro VI-3 muestra, al final de los años 1960, 1962, 1963 y 1964, el monto total acumulado de las inversiones privadas directas

11. *Op. cit.*

de Estados Unidos en las diversas regiones del mundo. Indica igualmente, a fines de 1964, la distribución de estas inversiones por regiones y por sectores económicos. Por último reproduce, para las mismas épocas y según la misma tasación, los ingresos anuales repatriados correspondientes.

De tal manera está permitido estimar que, a fines de 1964, de los 44 350 millones de dólares de inversiones privadas directas de Estados Unidos en el mundo entero, 15 000 millones se encontraban en el tercer mundo, o sea un 33%. De 1960 a 1964, los capitales privados norteamericanos invertidos en el mundo aumentaron en cerca de un 36%, pero apenas más de un 20% en el tercer mundo. Se encuentra en esto la confirmación del hecho muy conocido de que, en el transcurso de años recientes, los capitalistas privados norteamericanos, como, por lo demás, los de los otros países capitalistas evolucionados, se han invertido mucho más en estos últimos países que en los del tercer mundo. La explicación principal de este fenómeno es proporcionada por la composición de las inversiones norteamericanas por regiones y sectores de actividad. En los países capitalistas evolucionados, los capitales norteamericanos se han invertido, en un 49.5% del total, en las industrias manufactureras, a lo cual hay que añadir la mayor parte del 24.6% del petróleo, pues se trata aquí, con excepción de Canadá, de refinación y no de extracción, o sea, en total le corresponde a la industria cerca del 63-64 por ciento. Por el contrario, en los países del tercer mundo las inversiones en la industria manufacturera no representan sino menos del 22% del total, por contraste con más del 55% para las minas y el petróleo, que respecto de este último se trata sobre todo de extracción. Hay que tener en cuenta, además, que las tres cuartas partes de las inversiones manufactureras norteamericanas en el tercer mundo se encuentran en América Latina. Harry Magdoff [12] observa que en esta región "...las inversiones norteamericanas se han orientado principalmente hacia la industria ligera, sin exceptuar a la industria de elaboración de productos alimenticios locales. En el dominio de la producción de los bienes duraderos, de los automóviles, por ejemplo, las inversiones norteamericanas cobran la forma de talleres de montaje [lo mismo que las inversiones francesas], lo cual tiene como consecuencia garantizar las exportaciones de los elementos de montaje y de las piezas y consolidar, de tal manera, el mercado de estos productos norteamericanos".

Así pues, los capitales privados imperialistas tienden mucho más a invertirse en los países capitalistas desarrollados para superindustrializarlos que en el tercer mundo para industrializarlo. Cuando se

12. *Op. cit.*

CUADRO VI-3
INVERSIONES PRIVADAS DIRECTAS DE ESTADOS UNIDOS EN EL EXTRANJERO
VALOR E INGRESOS REPATRIADOS
(millones. de dólares)

	INVERSIONES DIRECTAS ACUMULADAS					
				1964 (provision		
	1960	*1962*	*1963*	*Total*	*Minas*	*Petróleo*
Todas las regiones	32 778	37 226	40 686	44 343	3 564 (8%)	14 350 (32.4%)
Canadá	11 198	12 133	13 044	13 820	1 671	3 228
Europa	6 681	8 930	10 340	12 067	56	3 086
Oceanía [1]	994	1 271	1 460	1 582	100	444
Total del grupo	18 873	22 334	24 844	27 469	1 827 (6.6%)	6 758 (24.6%)
Repúblicas de América Latina	8 387	8 424	8 662	8 932	1 098 [4]	3 142 [5]
Otros del Hemisferio Occidental	884	1 050	1 229	1 386	250	569
África	925	1 271	1 426	1 629	356	830
Asia [2]	2 291	2 500	2 793	3 062	34	2 014
Total del grupo	12 487	13 245	14 110	15 009	1 738 (11.6%)	6 555 (43.7%)
Internacional [3]	1 418	1 647	1 733	1 865	—	1 038

1. Australia absorbe las nueve décimas aproximadamente.
2. Probablemente comprende a Japón e Israel.
3. Incluye las empresas de transporte marítimo registradas en Liberia y en Panamá,
4. Las cifras correspondientes a Argentina, Colombia y Venezuela están comprendidas
5. Las cifras correspondientes a Argentina y a Chile están comprendidas en "otros".

FUENTE: *Statistical Abstract of the U.S., 1966,* cuadro 1./239.

1 DE DICIEMBRE				INGRESOS ANUALES REPATRIADOS							
							1964 (provisional)				
nu-:tu-s	*Servicios públicos*	*Comercio*	*Otros*	*1960*	*1962*	*1963*	*Total*	*Minas*	*Petróleo*	*Manufacturas*	*Otros*
861	2 023	3 776	3 808	2 355	3 050	3 134	3 741	399	1 922	876	543
%)	(4.6%)	(8.4%)	(8.6%)								
191	467	805	1 458	361	476	455	634	114	118	269	133
547	53	1 472	854	397	526	507	654	5	64	412	173
856	2	87	93	37	75	57	59	3	—6	53	10
594	522	2 364	2 405	795	1 077	1 019	1 347	122	176	734	316
5%)	(1.9%)	(8.7%)	(8.7%)								
340	568	951	832	641	761	801	900	172[4]	503[5]	92	133
166	49	89	263	78	130	155	116	73	33	4	7
225	2	93	122	—17	34	123	301	32	223	13	34
535	55	238	186	853	1 017	1 017	1 046	1	960	34	50
266	674	1 371	1 403	1 555	1 942	2 096	2 363	278	1 719	143	224
7%)	(4.5%)	(9.1%)	(9.4%)								
—	827	—	—	5	32	19	30	—	26	—	4

que operan en el mundo entero.
tros".

invierten, no obstante, en el tercer mundo lo hacen tan sólo para asegurar y conquistar mercados. Al hablar precisamente de las inversiones privadas norteamericanas en América Latina, Guy-Willy Schmeltz[13] ha escrito: "... los sectores en los que se manifiestan las iniciativas privadas se eligen en función de una rentabilidad inmediata, no son mayormente esenciales, y frecuentemente resultan nocivos al progreso económico de la nación subdesarrollada". Las fábricas y talleres de tal manera edificados "constituyen islotes estancos de desarrollo, en medio del subdesarrollo circundante".[14] Y al hablar del problema de conjunto de la industrialización del tercer mundo con el concurso de los capitales extranjeros, formula la pregunta siguiente: "por lo demás, ¿por qué se privaría una empresa, a un determinado plazo, de sus recursos en materias primas y de sus mercados para los productos acabados construyendo, en un Estado proletario, la industria de transformación consumidora de las primeras y productora de las segundas?".[15]

Lo que interesa sobre todo a los capitales imperialistas, en el tercer mundo, es esencialmente el petróleo, las materias primas y, en primer lugar, los minerales. Pero los yacimientos petroleros no se encuentran dondequiera, y tampoco los yacimientos de minerales, e inclusive cuando existen ¿por qué se habría de explotarlos por encima de las necesidades actuales? Lo cual explica el menor crecimiento de las inversiones privadas extranjeras en el tercer mundo por comparación con el mundo capitalista industrializado. Sin duda hay otras razones que concurren al desarrollo de las inversiones que unos países capitalistas hacen en otros: la carrera de concentraciones monopolistas, la voluntad del capitalismo norteamericano de convertirse en un superimperialismo que domine a los propios países industrializados y, por intermedio de éstos, al mundo entero. Y sin duda también, volviendo al tercer mundo, la situación política en muchos de los países que lo constituyen provoca, en los inversionistas extranjeros potenciales, una falta de confianza que los hace vacilar o retroceder, a pesar del cebo de las ganancias posibles. Pues éstas son tentadoras.

En efecto, el cuadro VI-3 permite calcular que, en 1964, las ganancias repatriadas de las inversiones norteamericanas directas han representado, en los países capitalistas desarrollados, alrededor del 5% del capital invertido, y en los países del tercer mundo cerca del 16%. Tal vez las utilidades reinvertidas, que evidentemente no están comprendidas en los ingresos repatriados, han sido relativamente más importantes en los primeros de estos países que en los segundos. Sin duda también, las rentas y regalías procedentes de las inversiones

13. *Op. cit.*
14. *Op. cit.*, p. 99.
15. *Op. cit.*, p. 59.

directas, que tampoco están comprendidas en los ingresos del cuadro VI-3, y que se elevaron a un total de 909 millones de dólares en 1965 son más importantes cuando provienen de los países capitalistas desarrollados que cuando provienen del tercer mundo. No obstante, es cierto que las inversiones norteamericanas en el extranjero producen muchísimas más utilidades en el tercer mundo que en otras partes. Si se añade a los 2 363 millones de dólares de ingresos repatriados del tercer mundo, en 1964, por concepto de inversiones directas, los 281 millones de dólares que se reinvirtieron en ese mismo año [16] se obtiene una rentabilidad de los capitales norteamericanos invertidos en el tercer mundo del 17.6%, sin contar un monto no establecido de rentas y regalías. Probablemente, en total, no se ande muy lejos del 20 por ciento.

Además, se puede subrayar también, utilizando de nuevo el cuadro de que he venido hablando, que las inversiones privadas directas norteamericanas en el tercer mundo aumentaron en 900 millones de dólares en 1964 (tomando en cuenta, aquí, las utilidades reinvertidas), en tanto que los ingresos repatriados se elevaron a 2 363 millones de dólares, es decir, fueron 2.6 veces mayores. Si no se cuentan las utilidades reinvertidas, o dicho de otra manera, si no se consideran más que las inversiones nuevas que hayan aportado dólares, los ingresos repatriados resultan ser 3.9 veces más importantes.

Se podría considerar que tal salida de divisas por causa de las inversiones privadas, que es realmente catastrófica para el tercer mundo (véase sección siguiente) no constituye más que un peso muy liviano en la economía de los países exportadores de capitales privados. Pero Harry Magdoff [17] ha calculado que si en 1950 el ingreso de las inversiones norteamericanas en el conjunto de los países extranjeros representó alrededor del 10% de las ganancias realizadas, después del pago de los impuestos, de las empresas no financieras en Estados Unidos, las fuentes extranjeras de utilidades representaban el 22% en 1964. Como en ese mismo año, el tercer mundo participó en un 64% en las ganancias directas obtenidas por las inversiones de Estados Unidos en el extranjero, se puede estimar que los ingresos que obtenía el capital privado se elevaron a cerca del 14% de las ganancias realizadas, después del pago de los impuestos, por las sociedades no financieras en Estados Unidos. Además, Harry Magdoff explica que los elementos de que dispone subestiman las ganancias obtenidas en el extranjero.

A partir del cuadro VI-3 se podrían hacer otras comprobaciones, sobre todo en lo que concierne a las inversiones norteamericanas pri-

16. *Efforts et Politiques d'Aide au Développement*, OCED, 1966 (cuadro 6).
17. *Op. cit.*

vadas por regiones del tercer mundo y por sectores económicos, y los ingresos correspondientes. Como no quiero extenderme demasiado, dejo al lector curioso el cuidado de proseguir las investigaciones. Sin embargo, creo que es oportuno hacer una última observación:

Entre 1960 y 1964, incluido este último, las inversiones privadas norteamericanas aumentaron en un 11.3% en América Latina, en un 76% en África y en un 34% en Asia. De los 2 522 millones de dólares nuevos invertidos durante esos cuatro años en el conjunto de estas regiones, 1 047 se dirigieron a América Latina, 704 a África y 771 a Asia. A mi juicio, estas cifras dan testimonio de que el imperialismo norteamericano ha realizado un esfuerzo de dispersión geográfica de sus inversiones privadas en el tercer mundo. Como ya indiqué en el capítulo anterior (sección 2) un esfuerzo análogo de dispersión de las exportaciones norteamericanas, podemos descubrir en estas dos indicaciones concordantes el signo concreto de la voluntad del imperialismo yanqui de asegurar la presa que ha hecho en el tercer mundo entero, aunque tenga que frenar un tanto, relativamente, las exportaciones de mercancías y de capitales hacia América Latina, que ya está fuertemente subordinada.

3] LAS CORRIENTES INVERSAS DE CAPITALES

Acaba de verse, en lo concerniente a los capitales privados norteamericanos, la importancia que tiene el reflujo constituido por la transferencia de los dividendos desde los países del tercer mundo hacia Estados Unidos. Por lo que respecta al conjunto de los países capitalistas inversionistas, el informe 1965-66 del Banco Mundial estima esta transferencia neta del ingreso de las inversiones "en más de 4 000 millones de dólares" cuya procedencia fueron los países en vías de desarrollo. Yo mismo (cuadro VI-4) he intentado hacer una estimación aproximada con la ayuda de los documentos del Fondo Monetario Internacional. De tal manera se llega a un total de transferencias recensadas, respecto de los diversos ingresos de los capitales privados, de 4 312 millones de dólares en 1964. Pero se carece de informaciones en lo que respecta a diversos países de África y de Asia, algunos de los cuales son muy importantes desde este punto de vista, como Indonesia y el Congo-Kinshasa. Así, calculo que el total correspondiente al conjunto del tercer mundo podría ascender a 4 900 millones de dólares.

Después pasé a realizar la prueba inversa, es decir, que en el mismo documento, en lo que respecta al mismo año y con fundamento en las mismas bases, traté de poner de relieve la situación en lo tocante al ingreso de las inversiones de cada uno de los países capitalistas evolucionados. Los ingresos que se transfieren unos a otros

CUADRO VI-4
INGRESOS DE LAS INVERSIONES EXTRANJERAS
TRANSFERIDOS POR LOS PAÍSES DEL TERCER MUNDO EN 1964 [1]
(millones de dólares)

Argentina	103
Brasil	189
Chile	106
Colombia	73
México	324
Perú	72
Puerto Rico	212
Venezuela	653
Otros de América Latina	238
Total América Latina	1 970
Ghana	18
Costa de Marfil	25
Libia	200
Nigeria	69
Rodesia	54
Zambia	97
África del Sur	235
Otros, sin contar otros países, sobre todo Congo-Kinshasa	50
Total (incompleto) para África	748
Irán	456
Irak	331
Arabia Saudita	370
RAU	18
Turquía	42
Total de estos países del Medio Oriente	1 217
India	211
Federación Malaya	67
Paquistán	55
Filipinas	25
Otros, sin contar varios países, sobre todo Indonesia	19
Total (incompleto) para el Asia del Sur y del Este	377
RECAPITULACIÓN	
América Latina	1 970
África	748
Medio Oriente	1 217
Asia del Sur y del Este	377
Total tercer mundo, salvo algunos países	4 312
Total estimativo para el conjunto del tercer mundo	4 900

1. Los ingresos censados comprenden: ingresos de inversiones directas, otros dividendos, diversos.

FUENTE: *Balance of Payments Yearbook,* FMI, vol. 17, 1960-64. Cuadro "Summary balance of payments statements", col. "Investment income".

por concepto de inversiones efectuadas por los unos en los otros, por consiguiente, se anulan, y el balance global neto de estos países nos indica su situación respecto del tercer mundo. El resultado es el siguiente:

Estados Unidos-Canadá	+ 4 439 millones de dólares
Europa occidental	+ 1 044 millones de dólares
Japón	— 196 millones de dólares
Australia-Nueva Zelandia	— 328 millones de dólares
Israel	— 54 millones de dólares
Total neto	+ 4 905 millones de dólares

En ese mismo año (cuadro VI-1), las inversiones privadas directas nuevas y las inversiones en cartera de los países capitalistas evolucionados en el tercer mundo representaban una aportación de divisas privadas de 1 575 millones de dólares. Pero estas inversiones e imposiciones han acarreado salidas de utilidades por valor de 4 900 millones de dólares, o sea 3.1 veces más. Por eso, si me muestro muy severo por lo que respecta a la ayuda en general, según la practica el imperialismo, de plano condeno sin apelación a las inversiones privadas.

El cuadro VI-1 indica, para todos los movimientos de capitales que constituyen la ayuda al tercer mundo, cifras netas, es decir, después de haber descontado las amortizaciones recibidas o los rembolsos de capital. Pero el servicio de los intereses de los préstamos no está comprendido. El cuadro que ofrecemos abajo indica la importancia, en millones de dólares, de los préstamos bilaterales de los países del CAD:

	AMORTIZACIONES	INTERESES	
		Países del CAD	*Estados Unidos*
1962	423	294	
1963	489	316	172
1964	699	421	239
1965	767	458	233

FUENTE: *Efforts et Politiques d'Aide au Développement,* OCED, 1966. Cuadros X y 5, 6, 7.

Hay que añadir a estas cifras la parte pequeña correspondiente a los intereses enviados a los países ricos que no son miembros del CAD y sobre todo el monto más notable de los intereses por concepto de préstamos multilaterales. Los del Banco Mundial, que efectúa la mayor parte de los mismos, se conceden a una tasa mínima de 5.5% y a una tasa máxima de 6.25%. Así también creemos que el monto total de los intereses pagados en 1964 por concepto de préstamos bilaterales y multilaterales puede redondearse en 500 millones de dólares.

Aunque haya excluido los créditos a la exportación de la ayuda propiamente dicha, por desgracia no se les puede excluir en el examen del reflujo de capitales del que constituyen una parte importante. "A este respecto las estadísticas, según declara el informe 1965-66 del Banco Mundial, distan mucho de haber sido completadas, pero al parecer se puede estimar que los créditos a la exportación representan, muy aproximativamente, una cuarta parte de la deuda total sin amortizar de los países subdesarrollados. La parte que corresponde a estos créditos en el servicio anual de la deuda, naturalmente, es mucho más elevada, puesto que por lo general se otorgan a plazo relativamente corto, y todo hace creer que representa la mitad del total." Al igual que en el caso de los demás préstamos, el cuadro VI-1 nos indica cifras netas por lo que respecta a los créditos de la exportación, es decir, una vez hecha la deducción de las amortizaciones. Pero la carga correspondiente a los intereses de estos créditos no figura. Sin embargo, se puede hacer la siguiente estimación aproximativa: como la deuda exterior total, sin amortizar, de los países del tercer mundo era en 1964 de 29 000 millones de dólares, la parte que en esta deuda corresponde a los créditos a la exportación garantizados, que según el Banco Mundial ascendía a la cuarta parte, se eleva aproximadamente a 7 200 millones de dólares. Si se reconoce una tasa media de interés de 8%, lo cual es modesto habida cuenta de las indicaciones que ya se han dado a este respecto, se obtiene una carga anual de intereses de 576 millones de dólares, que se puede elevar a 600 millones de dólares sin temor a errar, para tomar en cuenta a los créditos no garantizados.

Entonces se pueden hacer las primeras cuentas en lo concerniente a lo que los países capitalistas evolucionados obtuvieron en 1964 de los países del tercer mundo, a título de dividendos y de ganancias privadas, así como de intereses por concepto de préstamos y créditos:

Conjunto de los dividendos e ingresos privados repatriados	4 900 millones de dólares
Intereses de los préstamos públicos bilaterales y multilaterales	500 millones de dólares
Intereses de los créditos a la exportación	600 millones de dólares
	6 000 millones de dólares

Esta cifra de 6 000 millones de dólares es, sin duda, muy inferior a la realidad, no sólo por razón de la prudencia de mis estimaciones, sino sobre todo porque no he considerado hasta ahora más que las transferencias oficiales. Pero, como he mostrado en *Le pillage du tiers monde,* las filiales de las empresas occidentales en los países subdesarrollados, cuando tropiezan con legislaciones que restringen las transferencias, saben perfectamente bien cómo arreglárselas para que sus utilidades aparezcan en partes que no son los países de inversión, sobre todo al reducir los precios de las exportaciones de materias primas destinadas a la sociedad matriz o a otra filial, o por el contrario, elevando los precios de las piezas de montaje o de las materias incorporadas en sus producciones y enviadas desde las mismas sociedades-matrices o de sus filiales emparentadas con ellas.[18] Hay que tomar en cuenta también a los grandes negocios especializados en el comercio internacional, cuyas utilidades, por ejemplo cuando venden a Marruecos 50 000 toneladas de azúcar brasileña, se realizan directamente en Nueva York, Londres o París.

Al tributo financiero de, por lo menos, 6 000 millones de dólares que acabo de mencionar, conviene añadir, por las razones apuntadas en el capítulo v-4, la explotación de que son víctimas los pueblos del tercer mundo a través del deterioro de su relación de precios del intercambio, por parte de los países capitalistas evolucionados, y que he estimado en 4 500 millones de dólares por lo que toca al año de 1965.

Hay que añadir también los ingresos de los transportes marítimos de mercancías del tercer mundo efectuados por barcos de los países capitalistas evolucionados, que se estiman muy burdamente en 1 350 millones de dólares (capítulo v-5).

En total, por consiguiente, y en lo que se puede descubrir, a cerca de 12 000 millones de dólares se elevó, en 1964-65, la exacción practicada en el tercer mundo por los países del imperialismo, o sea, una y media veces el monto total de la ayuda. Por consiguiente, no son los países del imperialismo los que ayudan al tercer mundo, sino que es el tercer mundo el que ayuda al imperialismo.

Por lo demás, es evidente que este cálculo puramente aritmético, que no tiene más ambición que poner al descubierto esa gran simulación que constituye la ayuda, es radicalmente impotente para dar la menor idea del enriquecimiento real que le proporciona al imperialismo la explotación del tercer mundo. En particular, sería necesario poder medir la enormidad del valor agregado a las materias

18. Tratando un problema completamente diferente, Octave Gélinier, director general adjunto a la Comisión General de Organización Científica, en una tribuna libre de *Le Monde* del 20 de abril de 1967 muestra, por su parte, que el beneficio en las actividades internacionales implantadas en los países industrializados de Europa es "volátil". Cita, como prototipo de estas actividades cuyos beneficios pueden localizarse muy fácilmente en el extranjero, a la fábrica de la General Motors de Estrasburgo. Así pues, si los beneficios pueden cruzar sin grandes dificultades las fronteras de los países altamente controlados y administrados, ¿qué libertad de maniobra no tendrán casi siempre en los países subadministrados del tercer mundo?

primas, irremplazables, del tercer mundo por la transformación industrial en los países desarrollados. Es cierto que este valor agregado no es obra del tercer mundo, pero hubiese sido imposible sin sus aportaciones.

Pero considérese de nuevo la famosa ayuda para mostrar, no obstante lo escasa e ilusoria que sea, cómo pesa su rembolso en las cuentas de los países del tercer mundo. El cuadro VI-5 proporciona útiles indicaciones a este respecto. Hay que señalar que la parte B comprende la porción no desembolsada de los préstamos efectivamente concertados, que en 1965 se elevó aproximadamente al 25% del total de la deuda pública o garantizada.

Al comentar estas cifras, el informe 1965-66 del Banco Mundial observa (cuadro VI-5 A) que los pagos que los países subdesarrollados tienen que efectuar por concepto del servicio de su deuda pública o garantizada "han ascendido vertiginosamente en 1964 y han seguido aumentando en 1965". En efecto, para los países del tercer mundo, es decir, exceptuando a la Europa meridional, los pagos por concepto de servicio de la deuda pasaron de un promedio de 2 100 millones de dólares en 1960-63 a 2 900 millones de dólares en 1964 y a 3 100 millones de dólares en 1965. Dado el rápido aumento de la ayuda pública a América Latina, que ya subrayé anteriormente, nada tiene de particular descubrir que es esta región, igualmente, la que ha visto aumentar más el monto del servicio de su deuda pues éste absorbió, en 1965, la sexta parte, aproximadamente, de los ingresos por exportación. En lo tocante al conjunto de los países subdesarrollados, el servicio de la deuda alcanzó, o superó en 1964-1965, al 9% de los ingresos provenientes de la exportación de mercancías.

Por lo que toca al total de la deuda pública o garantizada de los países del tercer mundo, el 31 de diciembre de 1965 había llegado a la cifra enorme de 32 700 millones de dólares (cuadro VI-5 B), o sea que era igual a más de 11 veces el monto neto de los préstamos públicos bilaterales y multilaterales recibidos en 1965 (2 900 millones de dólares).

Tal vez sea interesante tratar de comparar la carga del servicio de la deuda con el monto bruto de los préstamos públicos nuevos otorgados a los países del tercer mundo por los países capitalistas ricos, es decir, esta vez sin descontar los rembolsos de capital. Si se estima que en 1965, en vista de lo dicho anteriormente, los intereses por concepto de préstamos públicos, por una parte, y por concepto de créditos a la exportación, garantizados, por otra, deben ser respectivamente de 550 y de 600 millones de dólares, o sea, un total de 1 150 millones de dólares, la parte del servicio de la deuda pública o garantizada del tercer mundo asignada a los rembolsos en capital asciende a: 3 100 — 1 150 = 1 950 millones de dólares. Y en ese

CUADRO VI-5

A. PAGOS POR CONCEPTO DE SERVICIO DE LA DEUDA EXTERIOR PÚBLICA O GARANTIZADA POR EL ESTADO DE 97 PAÍSES EN DESARROLLO (ESTIMACIÓN)

(miles de millones de dólares)

	América Latina	*Asia del Sur y el Medio Oriente*	*Lejano Oriente*	*África*	*Europa Meridional*	*Total*	*Total (sin Europa Meridional)*	*Total en % de las exportaciones de mercancías*
1960	1.4	0.4	0.1	0.1	0.3	2.3	2.0	8.1
1961	1.3	0.4	0.2	0.1	0.3	2.3	2.0	8.2
1962	1.3	0.5	0.3	0.1	0.2	2.5	2.3	8.4
1963	1.3	0.5	0.2	0.2	0.3	2.4	2.1	7.5
1964	1.7	0.7	0.2	0.3	0.4	3.3	2.9	9.2
1965	1.7	0.8	0.3	0.3	0.4	3.5	3.1	9.0

B. TOTAL AL 31 DE DICIEMBRE DE 1965 DE LA DEUDA EXTERIOR PÚBLICA O GARANTIZADA POR EL ESTADO, SIN AMORTIZAR (CONTANDO LAS CANTIDADES NO DESEMBOLSADAS) DE 97 PAÍSES EN DESARROLLO

(miles de millones de dólares)

	Desembolsadas	*No desembolsadas*	*Total*
América Latina	9.4	2.5	11.9
Asia del Sur y el Medio Oriente	8.5	2.8	11.3
Lejano Oriente	2.5	2.0	4.5
África	4.0	1.0	5.0
Europa Meridional	2.9	0.8	3.7
Total regiones anteriores	27.3	9.1	36.4
Total (sin Europa Meridional)	24.4	8.3	32.7

FUENTE: Banco Mundial, *Informe anual 1965-1966,* cuadros 3 y 4.

mismo año de 1965, el monto bruto de los préstamos públicos nuevos se sitúa, por consiguiente, en cerca de: 2 900 + 1 950 = 4 850 millones de dólares. Si se compara esta cifra con la del servicio de la deuda pública o garantizada del tercer mundo en 1965 (3 100 millones), se advierte que los préstamos públicos bilaterales y multilaterales nuevos quedan absorbidos, en cerca del 64% de su total, por el servicio de la deuda pública tan sólo, o dicho de otra manera, que los préstamos públicos nuevos no sirven, en lo esencial, más que para rembolsar y remunerar los antiguos préstamos acumulados.[19]

19. Indicación confirmada por George Woods, ex presidente del Banco Mundial, en su discurso del 26 de septiembre de 1967 en la Conferencia del FMI y el BIRF de Río de Janeiro: "el servicio de la deuda oficial pasada (contando interés y amortización) anula ya a los dos tercios de los movimientos

Esta acumulación está acentuada por el hecho de que, a menudo, y en vista de lo que acabamos de ver, los países del tercer mundo no pueden hacer frente a sus pagos y se ven obligados a solicitar moratorias. La Conferencia de las Naciones Unidas sobre Comercio y Desarrollo (Ginebra, 1964) ha recomendado la colaboración de los países acreedores en tales casos, para llegar a acuerdos que den lugar "a la rectificación o a la consolidación de la deuda, con períodos de gracia y plazos de amortización adecuados y tasas de interés razonables". Así por ejemplo, Indonesia, que sin duda había sido castigada por su antiimperialismo de entonces con no recibir en 1964 más que un monto de la ayuda pública igual a la mitad de la media de los tres años anteriores, ha sido objeto de una extrema solicitud de parte de diez países occidentales una vez que organizó la matanza de sus comunistas. Tuvieron lugar a lo largo de los últimos seis meses de 1966 conferencias que culminaron, a fines de diciembre, en un acuerdo para la consolidación de una parte de la deuda exterior indonesia. Además, se había previsto una nueva reunión en 1967 para apreciar la oportunidad de una nueva liberalización, mientras que otra conferencia habría de efectuarse en los primeros meses de 1967, entre países acreedores e instituciones internacionales especializadas, para estudiar la ayuda eventual que habría de proporcionarse a los programas indonesios de estabilización.[20]

¿Se podrá prever, aparte del caso indonesio (y podríamos añadir, también, del de Ghana), una liberalización general de las condiciones de la ayuda pública al tercer mundo? En primer lugar, ninguna voz autorizada cree que su monto se elevará. George D. Woods, ex presidente del grupo del Banco Mundial, declaró en un discurso del 26 de septiembre de 1966 que "la asistencia proporcionada con fuentes públicas no aumenta; por el quinto año consecutivo ha bajado en proporción al ingreso de los países industrializados". Y por lo que respecta al informe mismo del Banco Mundial correspondiente a 1965-1966, estima que "en su conjunto, la ayuda pública, en vez de aligerarse, tiende a volverse más rigurosa"; que "se ha registrado una disminución regular de la parte correspondiente a las donaciones y a las contribuciones en forma de donaciones... en la corriente total de capitales públicos suministrados bilateralmente", parte que descendió del 70% en 1960 al 52% en 1965; que "las tasas de interés medias de los compromisos bilaterales han aumentado de 3% en 1964 a 3.6% en 1965, y la media de los plazos se ha reducido de 28.3 años a 22.1 años".

oficiales de capitales hacia los países que se están desarrollando". El señor Woods añadió que si no se hacían cambios en la situación "la ayuda al desarrollo, pura y simplemente, se devorará a sí misma".

20. *Le Monde,* París, 22 de diciembre de 1966.

Por consiguiente, si el monto de la ayuda pública al tercer mundo debe descender, o, cuando mucho, estabilizarse en valor relativo,[21] la carga de esta ayuda registrada en la deuda pública no podrá sino aumentar, por una parte, en virtud del aumento de los préstamos en relación a las donaciones y, por otra parte, en virtud del aumento de las tasas de interés y la reducción de los plazos. Cada vez más, los países del tercer mundo quedarán encadenados a una ayuda pública que no aportará más que lo que se necesita para pagar las deudas anteriores, en tanto que la ayuda privada extrae del tercer mundo, un año con otro, un poco más de tres veces lo que aporta. A este encadenamiento financiero que vacía poco a poco a las naciones proletarias de sus magros recursos, se añade, claro está, un encadenamiento político del que el ejemplo indonesio no es sino uno de los casos más llamativos y sangrientos.

Y todo esto ¿para qué? Según el señor Paul-Marc Henry, director adjunto del Programa de las Naciones Unidas para el Desarrollo: los subsidios y los alimentos de los países industrializados no benefician más que a una ínfima minoría de las poblaciones interesadas, y generalmente a quienes menos necesidad tienen de los mismos. El resto se despilfarra, o es absorbido por el funcionamiento del pesado aparato de distribución o es acaparado por las clases acomodadas.[22]

21. Las cifras de 1966 indican una nueva baja de la ayuda occidental expresada como proporción del ingreso nacional del conjunto de los países del CAD.

22. *Le Monde*, París, 2 de marzo de 1967.

CAPÍTULO VII

PERSPECTIVAS

Enfrentado a un mundo capitalista avanzado que está transitando por su segunda revolución industrial, a un mundo socialista que a pesar de errores y tanteos, crece económicamente con mayor rapidez que ningún otro, el tercer mundo se estanca o retrocede. Esta mitad subdesarrollada del mundo, en la que la expansión demográfica es más rápida que en otras partes, no aporta más que el 12% aproximadamente al producto bruto mundial, y las riquezas producidas por cada habitante aumentan con menor rapidez que en las demás partes del mundo.

Las producciones agrícolas destinadas a la subsistencia de los pueblos del tercer mundo no se desarrollan al mismo ritmo que su población y la subalimentación, la desnutrición hacen estragos en Asia, África y América Latina, las hambres colectivas amenazan y el porvenir es más sombrío que el presente. En la época de la electrónica y de la automatización en Occidente, la producción industrial del tercer mundo no asciende más que al 7% de la producción mundial y su industrialización crece menos rápidamente, por habitante, que la de los países que ya están industrializados. Pero, en cambio, las producciones agrícolas del tercer mundo destinadas a los mercados de consumo o a las fábricas de los países capitalistas se desarrollan de manera muy satisfactoria, y sus producciones mineras, que alimentan en lo esencial a las industrias de transformación de los países evolucionados, les aportan un volumen de materias primas y energéticas que es cada vez más importante y, frecuentemente, determinante.

Sin duda, el atraso del tercer mundo no es, por lo menos en general, una creación del colonialismo, ni del imperialismo, pues es anterior en el tiempo a estos últimos fenómenos, y es inclusive el que ha permitido las conquistas coloniales y las subordinaciones. Pero es innegable que el mantenimiento del subdesarrollo en las naciones atrasadas de Asia, África y América Latina es consecuencia de la división internacional del trabajo de carácter imperialista, lo que condena a estas naciones al desempeño del papel de abastecedores de los países dominantes por concepto de productos alimenticios, materias primas y petróleo, en tanto que los países ricos se reservan la industrialización que multiplica las riquezas. De tal manera, una mitad del mundo saca de su suelo y extrae de su subsuelo todo lo que le puede arrancar para satisfacer las necesidades de una quinta parte del mundo que la tiene subyugada.

La descolonización política no ha cambiado para nada esta explotación, y la solución de continuidad no ha aparecido en África y en Asia, tal y como no ha surgido en América Latina, en la que desde hace un siglo y medio los gobiernos nacionales detentan la apariencia del poder. En efecto, en casi todos los casos, el imperialismo ha sabido encontrar en los países recientemente independizados a devotos equipos de dirigentes, o que, por obra de algunas presiones, se han convertido en tales. Ya sea que reine directamente o que lo haga por interpósita persona, el resultado es el mismo, aunque hay que hacer la reserva de que se ha producido un despertar, y que ha sido necesario realizar esfuerzos de simulación.

El principal es el que consiste en la ayuda de los países ricos a los países pobres. Se quiere convencer a los segundos de que los primeros están llenos de buena voluntad para con ellos y las Naciones Unidas pretendieron hacer de los años 1960-1970 la década del desarrollo. Pero el imperialismo no puede dejar de ser imperialismo, y su ayuda muestra todas las taras propias del sistema capitalista. Recorrida más de la mitad del famoso decenio, no solamente el objetivo de una ayuda que fuese por lo menos igual al 1% del ingreso nacional acumulado de los países que otorgarían la asistencia, dista mucho de haber sido alcanzado, sino que el presidente del Banco Mundial y muchos otros se han visto obligados a comprobar que se aleja el cumplimiento de dicho objetivo, por lo cual las críticas relativas a la eficacia de esta ayuda se han ido haciendo cada vez más acerbas y numerosas. Se expresan hasta en los medios oficiales.

Esta asistencia no se manifiesta de ninguna manera como una compensación, como una reparación parcial de la explotación de la riqueza del mundo subdesarrollado, sino que, por lo contrario, está integrada en el proceso del saqueo, puesto que, en las condiciones actuales, constituye uno de los engranes principales del mismo. Su carácter mistificador, que tiene como objetivo, por lo demás, tanto a las poblaciones del tercer mundo como a las de los países ricos, que en definitiva son las que la pagan, es consecuencia del aspecto de "cártel publicitario" que se le da. Pero su carácter profundo, su verdadera realidad, es la de que aporta a la acción del capital monopolista una ayuda indispensable. Por una parte, mantiene la prostitución política de la casi totalidad de los dirigentes de los países a los que se les concede la ayuda, y tiene como objetivo mantener a estos países en la órbita imperialista, en el interior de la cual el capital puede fructificar libremente. Y, por otra parte, como los negocios son los negocios, y como hay una desenfrenada voracidad de ganancias, aporta directamente, tanto por la ayuda bilateral ligada a la ayuda internacional, como por las inversiones privadas que sacan cada año del tercer mundo capitales tres veces mayores que los que les envían, pedidos preferenciales, aperturas o agrandamientos de mercados que los rivales imperialistas se disputan entonces a fuerza de pujas en los créditos a la exportación. De uno o de otro modo, es siempre una rebatiña, y el resultado es siempre la explotación, el saqueo.

En tales circunstancias, ¿cómo podría pensarse en que los pueblos del tercer mundo salgan de su subdesarrollo sin romper primero las cadenas imperialistas? ¿En virtud de cuál autosugestión se podría uno convencer de que el imperialismo está en situación de aceptar y, más aún, de provocar la emancipación económica de aquellos países cuya explotación constituye la condición de su propia supervivencia?

En esto estriba, efectivamente, la clave del problema: no es por fantasía o por espíritu diabólico por lo que el imperialismo saquea al tercer mundo, sino porque *tiene una necesidad vital del mismo,* porque no podría prescindir de él, y sobre todo, y contrariamente a algunas apariencias, no lo podría hacer el superimperialismo norteamericano, pues no es una simple coincidencia que pretenda, a la vez, dominar económicamente al mundo que llama libre y convertirse en su policía. Sin duda es difícil, o tal vez imposible, deshacer la madeja de los intereses económicos y financieros del capital norteamericano en el mundo. Sin embargo, Harry Magdoff aporta indicaciones muy interesantes.[1] En vez de comparar las exportaciones de Estados Unidos con el producto nacional bruto, comparación que no tiene mucho alcance, puesto que este PNB comprende los gastos del gobierno, los servicios, el comercio y la actividad de los bancos, de las sociedades de bienes raíces y de los corredores de bolsa, comparan el valor de las exportaciones con el valor de la producción interior total de mercancías, a saber, los productos agrícolas, mineros, manufacturados, y los transportes. Además añade al valor de las exportaciones propiamente norteamericanas el de la producción en el extranjero engendrada por las inversiones norteamericanas, con lo cual determina la importancia, expresada en dólares, de la totalidad de los mercados extranjeros para las empresas norteamericanas, ya se trate de sociedades norteamericanas en Estados Unidos o ya se trate de sociedades norteamericanas en el extranjero. De esto se desprende que, en 1964, el valor de tal manera entendido de los mercados extranjeros cubiertos por las ventas norteamericanas era igual a dos quintos del valor total de la producción interior norteamericana de productos agrícolas, mineros y manufacturados. De esta manera se mide la enorme importancia que tiene el mercado mundial para la economía de Estados

1. *Op. cit.*

Unidos y se explica mejor el apetito que siente por dominarlo a toda costa.

Sin duda, en estos cálculos, no se hace una distinción del tercer mundo. Pero si se recuerda que este tercer mundo absorbe un tercio de las exportaciones norteamericanas y un tercio, igualmente, de las inversiones norteamericanas directas; sobre todo, se si hace hincapié en que muchas de las empresas norteamericanas en los otros países capitalistas industrializados son también exportadoras hacia el tercer mundo y desempeñan el papel de etapa o relevo, se ve con toda evidencia que los mercados de los países subdesarrollados de Asia, África y América Latina tienen una gran importancia (desgraciadamente, difícil de medir, pero que sin duda ha de ascender a una cifra comprendida entre el 15 y el 18 por ciento) desde el punto de vista de la producción norteamericana de mercancías y transportes.

He indicado, además, que las exportaciones de productos manufacturados del conjunto de los países capitalistas industrializados hacia el tercer mundo representan el 6% de su producción manufacturera global y que al paso que subrayaba que esta proporción no era de ninguna manera despreciable, expresé la opinión de que estas exportaciones no constituían el lazo principal de dependencia de los países desarrollados con relación al tercer mundo, pues éste, en mi opinión, se encuentra en el campo de las materias primas.

No volveré a tocar lo que ya he dicho a este respecto más que para registrar una opinión que no concierta con la mía propia, puesto que se trata de la del presidente Eisenhower, al que cito según Harry Magdoff.[2] En su mensaje del 20 de enero de 1953 el ex Presidente de Estados Unidos se expresó de la siguiente manera: "sabemos... que lo que nos liga a todos los pueblos libres no es solamente un noble ideal, sino también, simplemente, una necesidad... A pesar de todo nuestro poderío material, tenemos necesidad de mercados en el mundo para vertir los excedentes de nuestra producción agrícola e industrial. De igual manera, tenemos necesidad, para nuestra agricultura y nuestra industria, de materias primas y de productos vitales que se encuentran en países alejados". La última frase de esta confesión sin embozo indudablemente hace referencia a los subdesarrollados del tercer mundo. Y Harry Magdoff comenta con sobrada razón: "ahora se comprende perfectamente que el gobierno vele tanto por la seguridad de la nación como por la de los negocios... sobre todo al adoptar programas de ayuda al extranjero que son extraordinarias mezclas de declaraciones humanitarias a propósito de la industrialización y de consideraciones muy realistas acerca de esta misma industrialización, lo cual no debe, en ningún caso, impedir a los países extranjeros mantener el volumen

2. *Op. cit.*

deseado de sus exportaciones de materias primas". Cita a Clarence B. Randall, presidente de la Inand Steel Co. y consejero en Washington en materia de ayuda al extranjero, que comentó en los términos siguientes la afortunada circunstancia que permitió a los norteamericanos disponer de los yacimientos de uranio del Congo ex belga en ocasión de la fabricación de las bombas atómicas: "fue una gran suerte que el Congo perteneciese a un país que se encontraba del mismo lado que nosotros ¿y quién podría predecir hoy que en alguna de las vastas regiones todavía inexploradas del mundo no se encuentre, de modo semejante, el yacimiento único de algún metal raro del cual nuestra industria y nuestro ejército podrían tener en el futuro una necesidad urgente?" Harry Magdoff, por último, señala: "la integración de los países capitalistas insuficientemente desarrollados en el mercado mundial, en calidad de proveedores permanentes y estables de sus riquezas naturales, tiene como efecto, salvo excepción, ponerlos bajo la dependencia y el control permanente de los grandes monopolios".

Esta dependencia y este control que son irreconciliables con la autonomía económica de los países del tercer mundo lo son también, igualmente, con toda posibilidad de un desarrollo que no podría fundarse más que en la utilización de las riquezas nacionales, puesto que el imperialismo tiene necesidad de reservarse de manera permanente y estable estas riquezas, y sobre todo las materias primas, las descubiertas y explotadas, y también aquellas que todavía no se han descubierto y de las cuales de antemano se apropia, en previsión de sus necesidades futuras. Y, sin embargo, vemos cómo florecen cada vez más toda clase de planes que, sin poner en tela de juicio esta dependencia y este control, pretenden trazar los grandes rasgos de un desarrollo del tercer mundo en el marco del sistema actual. Estos planes, a menudo, contienen ideas que serían buenas... si el imperialismo no fuese el imperialismo. Pero dado que sigue siendo lo que es, que sus pretensiones de dominio del mercado mundial son tan fuertes como antes y quizá más fuertes que nunca, hay que reconocer, cualquiera que pueda ser la pureza de las intenciones que animan a muchos autores de tales planes y modelos, que éstos, objetivamente, acuden en auxilio del imperialismo al mantener la ilusión de que éste no constituye un obstáculo insuperable para el desarrollo. En mi opinión, la hora de los planes y de los modelos de desarrollo todavía no ha llegado. Es indudable que se puede pensar por anticipado en ello, por lo demás, con perspectivas totalmente diferentes,[3] pero sin omitir plantear como supuesto fundamental la necesidad de romper primero

3. Que es lo que ha hecho, en forma excelente, Charles Bettelheim. *Op. cit.*, cap. 4: "Les exigences de la lutte contre le sous-développement".

las cadenas imperialistas. La lucha emancipadora precede a la edificación, es condición de la misma.

Dieciocho países africanos y Madagascar creyeron encontrar mejores condiciones para sacar provecho de sus riquezas asociándose en 1963 a los Seis de la pequeña Europa. En un capítulo especial de mi obra anterior, analicé esta forma de asociación en la cual descubrí, de parte de la CEE, un colonialismo de estilo nuevo, en forma de cooperativa o de sociedad por acciones. Por eso no me sorprendió advertir más tarde el desencanto de los dirigentes africanos signatarios. El periódico *Le Monde* del 1 de noviembre de 1966 publicó un artículo titulado: "El Presidente de Nigeria expresa la 'decepción' de los países africanos asociados a la CEE" y cita las palabras del señor Diori Hamani:

"En lo que a nosotros respecta, los estados africanos hemos aplicado lealmente la Convención de Yaoundé. Pero, por lo que respecta a los europeos, observamos que cada vez más:

"Primero, en el plano bilateral la ayuda a nuestros países va disminuyendo, o se ha estancado, en el mejor de los casos.

"Segundo, que registramos una baja constante de nuestros productos agrícolas.

"Tercero, que los precios de los productos industriales van aumentando.

"Además, varios países de los Seis han establecido impuestos a los productos que exportamos hacia ellos."

Le Monde añade que el mismo parecer ha sido expresado por el doctor Zinzou, ministro de Asuntos Extranjeros de Dahomey. Se hace eco también de las críticas formuladas nuevamente por el señor Diori Hamani.[4] Tomando como ejemplo a Costa de Marfil, Philippe Decraene indica[5] "que de 1963 a 1965 las exportaciones de Costa de Marfil con destino a los países de la CEE no han aumentado más que en un 6% en valor, en tanto que las importaciones provenientes de estos mismos países han aumentado en un 36%. A este respecto, por lo menos, la convención de la asociación de los dieciocho países de África a los seis estados del Mercado Común ha sido más lucrativa para los segundos". Y Decraene advierte:

"...el índice del valor unitario de las exportaciones de Costa de Marfil con destino a los países de la CEE pasó, de 1960 a 1964, de 100 a 74, mientras que, durante el mismo período, el índice del valor unitario de las importaciones de Costa de Marfil provenientes de la CEE pasó de 100 a 123.

"En el transcurso del período de 1961 a 1964 se estimó en Abidjan

4. 13 de diciembre de 1966.
5. *Le Monde*, París, 1 y 2 de junio de 1967.

que el poder de compra resultante de las exportaciones tradicionales de Costa de Marfil (café, cacao y plátanos) perdió anualmente el 26% de su valor. En valor absoluto, la disminución del poder de compra de esas exportaciones fue, entre 1961 y 1965, del orden de 280 millones de dólares. Ahora bien, al 31 de diciembre de 1965, la totalidad de las inversiones concedidas a Costa de Marfil por el Fondo de Ayuda y de Cooperación (Francia) y el Fondo Europeo de Desarrollo (FED) no llegó más que a los 58 708 000 dólares. Así, pues, la ayuda no compensó más que la quinta parte de la pérdida sufrida."

Pero el autor añade que, algunos días más tarde, la CEE estuvo de acuerdo en enviar 140 millones de dólares a Italia "para compensar la diferencia de precio entre el aceite de oliva italiano y el ofrecido en el mercado mundial..."

Se advierte, pues, quién ayuda a quién, y que el imperialismo no ofrece, inclusive a sus más devotos seguidores del tercer mundo, sino contratos dolosos que perpetúan y agravan la sujeción. Sin duda, se citan como prueba de lo que sería posible algunos países del tercer mundo cuyo desarrollo ha aumentado realmente en el transcurso de los últimos años. Costa de Marfil es precisamente uno de los que han sido convertidos en artículo de propaganda, y se ha dicho que constituye un milagro económico. Pero acabamos de ver que la expansión de su producción agrícola, en la medida en que ésta permanece en la órbita imperialista, es decir, en la medida en que continúa produciendo bienes destinados a los mercados de los países capitalistas ricos, no le permite una acumulación primitiva susceptible de promover una industrialización autónoma. Los primeros pasos en la industrialización, por consiguiente, están condicionados por los capitales extranjeros, que por una parte son indiferentes a la autonomía económica del país, puesto que no constituyen más que "enclaves" rápida y elevadamente lucrativos, orientados también en dirección del mercado mundial imperialista, y puesto que, por otra parte, como vimos en el capítulo anterior, crean finalmente una sangría de divisas sin fin, por la transferencia de sus dividendos. Pueden existir fases de expansión que semejan "despegues" económicos. Pero no son más que falsos despegues, que no crean continuidad en la acumulación, la cual es indispensable para un desarrollo equilibrado y de largo alcance.

Se cita también a México, que según se dice ha logrado realizar su "despegue económico" y cuyo producto interior bruto ha aumentado en valor absoluto y a precios constantes, entre 1958 y 1965, a razón de 5.6% al año por término medio, y de 2.2% al año en términos *per capita,* lo cual, sin ser un milagro, constituye un resultado alentador. Pero la economía mexicana sigue siendo, en gran medida, de tipo dualista y el 55% de la población activa sigue empleada en el sector agrícola. La balanza comercial mexicana es elevada y constantemente deficitaria. Además, porque es necesario tomarlo en consideración siempre, la carga de la deuda exterior es muy pesada (deuda exterior no amortizada de 2 100 millones de dólares en 1965, tasa media: más del 6%), y sobre todo las inversiones de capitales extranjeros, nueve décimas partes de las cuales son norteamericanas, provocaron por sí solas en 1964 la transferencia de ingresos por valor de 324 millones de dólares (cuadro VI-4), o sea el 31% del monto de las exportaciones de ese mismo año, las cuales, además, fueron inferiores a las importaciones en 422 millones de dólares (cuadro V-2). Por consiguiente, el pronóstico es todavía reservado. Sin duda, en algunos casos especiales, el imperialismo, y en este caso el imperialismo norteamericano, puede hacerse cargo de algunas economías, a las que domina, casi totalmente, para evitar la "subversión" en sus fronteras. Pero que no se hable entonces de desarrollo autónomo equilibrado, ni de despegue económico.[6]

Paul Bairoch en la última parte de su reciente obra [7] y al final de un análisis de las posibilidades de desarrollo de los países subdesarrollados no socialistas, llega a la conclusión de que "el diagnóstico, en su conjunto, es innegablemente negativo; los efectos del comienzo de la industrialización son aniquilados y amenazados por el estancamiento e inclusive el retroceso de la agricultura. Este tercer mundo —dice— ha despegado 'mal' y las posibilidades de una aceleración próxima del despegue son por demás pequeñas".

"En cambio —añade— China parece haber logrado su despegue económico." Observando que existe una considerable diferencia entre las informaciones estadísticas chinas y las más reservadas de los expertos occidentales, declara: "pero este éxito del despegue de China subsiste aun cuando fundemos el diagnósticos en las estimaciones occidentales y este éxito es brillante sobre todo por comparación con el mundo subdesarrollado no socialista". Según Paul Bairoch, el ingreso chino por habitante ha aumentado aceleradamente, y "ha superado desde 1955, aproximadamente, al del resto de Asia, respecto del cual, hacia 1950, era muy semejante, o inclusive inferior; actualmente es superior en un 40% al del resto de Asia... y basándose en las estimaciones occidentales". El autor se plantea "el problema de las causas que son origen de tal divergencia" y saca en conclusión "que el camino chino es, con toda probabilidad, el fundamento del éxito económico regis-

6. Se cita también, en África, a Camerún, y, en América Latina, a Venezuela, en la que el producto interior bruto por habitante asciende a 1 000 dólares. Pero Anne Philippe, en *Le Monde* del 19-22 de marzo de 1966, tituló un artículo sobre este país de la siguiente manera: "Le Venezuela: un pays riche, un peuple pauvre".

7. *Op. cit.*, p. 212 a 214.

trado en este país, pero que no es seguro que aplicado a otras sociedades pueda tener el mismo éxito".

Nadie discutirá, por lo demás, esta última reserva, y autores tan diferentes de Paul Bairoch, por múltiples conceptos, como son Charles Bettelheim y Jacques Charrière, en las conclusiones de la obra titulada *La construction du socialisme en Chine*,[8] si no creen tampoco que "pueda existir un 'modelo' de la construcción del socialismo verdaderamente transferible de un país a otro", señalan al menos que "sin embargo, cada experiencia de construcción del socialismo es una fuente de lecciones extremadamente valiosas para los demás países que se lanzan también por el camino del socialismo". Y desde su prólogo indicaron que "el doble hecho de que China sea el primer país que haya pasado al socialismo partiendo de un nivel industrial tan bajo, y de que la revolución china del campo haya sido un ejemplo notable de éxito agrario en el seno de los países socialistas, están cargados de enseñanzas para todos los países que no se han industrializado".

Las conclusiones de Paul Bairoch me han parecido interesantes porque son las de un autor del que lo menos que puede decirse es que no parece estar "comprometido", puesto que es evidente que pretende ser un economista estricto, para el cual la economía no puede ser política. Pero además, y por eso mismo, a mi juicio son muy insuficientes, y se detienen, no sólo en este caso, sino en todos los casos, en el punto en que sería necesario poner en tela de juicio el imperialismo y desembozar sus procesos de saqueo en el tercer mundo. Si China ha tenido éxito allí donde la India, con la que tanto la han querido comparar, ha fracasado, es fundamentalmente porque la primera ha roto todos los lazos con el imperialismo en tanto que la segunda los ha conservado. Y una vez más hay que recalcar que toda edificación socialista es inconcebible sin la ruptura de estos lazos. Por eso Guinea y Argelia, independientemente de los esfuerzos que hayan podido o que podrían hacer en este sentido, no podrán ser, ni llegar a ser países socialistas en sus condiciones actuales.

El imperativo prioritario de la lucha antiimperialista se destaca en cada página de la notable obra escrita por A. P. Lentin, al regresar de La Habana en donde estuvo para asistir a la Conferencia Tricontinental que se llevó a cabo del 3 al 13 de enero de 1966.[9] Tres de las cuatro partes de que consta esta obra fundamental llevan, respectivamente, los siguientes títulos: "El imperialismo en la actualidad"; "El combate antiimperialista"; "La solidaridad antiimperialista", conforme a un progreso que es el mismo que se encuentra en la decisión final

8. Ed. François Maspero, París, 1965. (Hay edición en español: Editorial Era, México, 1966.)

9. *La lutte tricontinentale*, Edit. François Maspero, París, 1966.

preparada por la comisión económica de la Tricontinental. Ésta, después de denunciar el imperialismo en sus considerandos, formula una proclamación de nueve puntos, el primero de los cuales establece el "principio de la eliminación de la explotación del hombre por el hombre a través del desarrollo no capitalista y su culminación en el socialismo", y el segundo de los cuales afirma que la lucha común para liquidar el imperialismo es una necesidad absoluta, en tanto que el tercero hace hincapié en la solidaridad actuante de los pueblos de los tres continentes.

El tercer mundo, el verdadero tercer mundo de los pueblos y de las organizaciones revolucionarias y no el de los dirigentes prostituidos, ha iniciado bien su marcha

Que el tercer mundo, desde este punto de vista haya iniciado bien su marcha no significa, por desgracia, que no haya de tardar en llegar, y A. P. Lentin tiene razón en llamar "La larga marcha" al último capítulo de su obra, en el que analiza las perspectivas de la liberación total de los pueblos del tercer mundo. Pero para él, como para los otros, no cabe la menor duda de qué es lo que hay que hacer.

Y el Comité Central del Partido Comunista chino tiene razón igualmente cuando escribe, en su carta de 25 puntos de junio de 1963: "es en las vastas regiones de Asia, de África y de América Latina donde convergen las diferentes contradicciones del mundo contemporáneo, y donde el dominio imperialista es más débil, y constituyen hoy la principal zona de tempestades de la revolución mundial que asesta golpes directos al imperialismo". Las palabras "donde el dominio imperialista es más débil" a primera vista, podrían parecer incompatibles con el cuadro que acabamos de pintar de una explotación imperialista feroz en el tercer mundo. Pero no hay en esto ninguna antinomia. Desde el momento en que la conciencia de los pueblos despierta (y la Tricontinental ha dado las señales de esto) es normal que sea allí donde la opresión imperialista es más despiadada donde se lleve a cabo con mayor violencia la lucha contra el imperialismo. Y no es en el Occidente, sino en Vietnam, donde la guerra antiimperialista arde violentamente; no es en los montes de Auvernia sino en las cordilleras suramericanas donde se levantan las guerrillas. No es en Suiza ni en Gran Bretaña, sino en Santo Domingo y en Indonesia donde el imperialismo ha hecho derramar ríos de sangre para poner en el poder a sus devotos y darse un respiro. No es en Europa, sino en África, donde truena la tempestad antiimperialista.

La marcha de los países del tercer mundo hacia la emancipación total no será solamente larga, sino también difícil. El imperialismo sabe que lo que está en juego es su existencia misma, sin exceptuar a Occidente, que parece hoy tan tranquilo. Creo haber mostrado que el imperialismo saca sus fuerzas vivas, ante todo, de las materias primas del tercer mundo. No soy el único que lo piensa. Harry Magdoff[10] ha escrito: "el control económico y, por consiguiente, el político, de las fuentes extranjeras de materias primas tiene una importancia primordial para los monopolios industriales de producción en masa que trabajan en la madre patria. En industrias tales como la del acero, el aluminio, el petróleo, perder el control de las fuentes de materias primas es también perder el control de los mercados y de los precios y, por consiguiente, poner en peligro real las enormes inversiones realizadas en las industrias de fabricación y de distribución del producto final... No se llega a viejo sin una fuente regular y segura de materias primas, a precios convenientes... Estas fuentes extranjeras de abastecimiento representan algo más que la esperanza de ganancias nuevas, pues son el seguro de vida de los monopolios en la madre patria".

El imperialismo ha planeado sus fábricas, por lo que respecta a su capacidad de producción, en proporción a las dimensiones del mundo al que llama libre. Y en algunos casos comienzan a aparecer ya capacidades excesivas. El informe anual de la Federación de la Siderurgia británica nos dice que en 1966 la capacidad sobrante de producción de acero en el mundo, con 84 millones de toneladas, equivalía a la producción de los seis países del Mercado Común. Un artículo publicado en la primera página de *Le Figaro*,[11] con el título de "Crisis del acero — Irrupción del tercer mundo" y con la firma de Jean Lecerf es significativo a este respecto. "El acero —se lee en él— es sólo parte de un enorme problema: el de la irrupción del tercer mundo en nuestra vida. Éste nos llevará hacia las actividades más complejas, hacia las mejor pagadas también, pero nos obligará a abandonar, a costa de terribles dificultades, una parte importante de las técnicas que requieren una abundante mano de obra, la cual existe actualmente sobre todo en los países nuevos." Y sin embargo, la irrupción del tercer mundo en el campo de la siderurgia es todavía infinitamente modesta puesto que, en 1964, no aportaba más que el 4% de la producción mundial de acero y el 6% sin contar los países socialistas (cuadro VI-4). El artículo de Jean Lecerf, discutible por muchos conceptos (el imperialismo no "abandonará" el acero ni ninguna otra cosa, como lo comprueba el desarrollo actual de las siderurgias portuarias), es interesante en la medida en que expresa la angustia que produce la idea de la irrupción del tercer mundo en la industrialización y señala las terribles dificultades que esto acarreará para el imperialismo.

En efecto, es seguro que la explotación de las riquezas naturales

10. *Op. cit.*
11. 10 de noviembre de 1966

y, en particular, minerales del tercer mundo, por el propio tercer mundo y ya no por los países capitalistas industrializados, cuando se produzca a una determinada escala provocará en el imperialismo una crisis probablemente insuperable: le faltará terreno suficiente para replegarse. Privado del vasto tercer mundo, el imperialismo ya no será más que el imperialismo en el *ghetto,* lo cual, por definición, es inconcebible. He mostrado, dicho y subrayado que la explotación del tercer mundo es, para el imperialismo, una necesidad vital, funcional, y, según Harry Magdoff, este pillaje es "el seguro de vida" de los monopolios. De allí, a estimar el período de supervivencia que le queda al imperialismo, y a imaginarse las formas de su agonía, hay tal distancia que, a mi juicio, pertenece al dominio de la profecía. A todo lo más, se puede pensar que en el momento en que el imperialismo se enfrente a las terribles dificultades de que ha hablado Jean Lecerf, estas dificultades volverán a colocar en una perspectiva revolucionaria a los proletariados de los países de Occidente, y tal vez, por la presión que ejerzan éstos, los partidos y organizaciones que los representan tirarán por la borda su reformismo actual. Al parecer, los delegados a la Conferencia Tricontinental de La Habana no han perdido tal esperanza, puesto que en las consideraciones de su resolución económica final han afirmado que su lucha emancipadora "está estrechamente ligada a la lucha de las fuerzas trabajadoras en los países capitalistas contra los monopolios, y que la cooperación estrecha entre estas fuerzas tiene gran importancia para la derrota del imperialismo".

Pero es indiscutible que en el momento actual es en el tercer mundo "donde convergen las diferentes contradicciones del mundo contemporáneo y que es allí donde se le asestarán al imperialismo los golpes más directos. Así también, la lucha antiimperialista de los pueblos de Asia, África y América Latina presenta hoy un carácter determinante a escala mundial: privará al imperialismo de su espacio económico vital, reanimará al movimiento revolucionario en las partes del mundo en el que provisional y circunstancialmente ha sido frenado. Che Guevara tenía razón cuando, en el admirable texto difundido el 16 de abril de 1967 por la Organización de Solidaridad de los Pueblos de África, Asia y América Latina decía: "En definitiva, hay que tener en cuenta que el imperialismo es un sistema mundial, última etapa del capitalismo, y que hay que batirlo en una gran confrontación mundial. La finalidad estratégica de esa lucha debe ser la destrucción del imperialismo".

SEGUNDA PARTE

FICHAS ECONÓMICAS SIGNALÉTICAS POR PRINCIPALES PAÍSES

Estas fichas están dispuestas en el orden siguiente:

Países socialistas (6 países)

Países capitalistas evolucionados (5 países)

Tercer mundo, África (22 países)

Tercer mundo, América Latina (13 países)

Tercer mundo, Asia (15 países).

En cada serie, los países aparecen en orden alfabético.

Las escasas fichas de los países de los dos primeros grupos, no tienen más objeto que el de proporcionar términos de referencia para los países del tercer mundo. Además, por regla general, estas fichas se han concebido para facilitar las comparaciones. Proporcionan informaciones sencillas, elementales a veces, pero a partir de las cuales el lector, en unos cuantos minutos, puede formarse una idea, burda sin duda, pero justa, de la economía de un determinado país, y luego hacer comparaciones.

Las cifras se han obtenido, en su mayor parte, de diferentes anuarios de las Naciones Unidas o de otros organismos internacionales; algunas de las *Images économiques du monde,* 1966,[1] y otras del cuadro anexo a la obra de Paul Bairoch.[2] Algunas cifras han sido redondeadas. Las que conciernen a las producciones son, frecuentemente, una media aproximada de las cifras correspondientes a los dos o tres años más recientes. De igual manera, las cifras relativas al producto interno bruto y, sobre todo, a su tasa media de crecimiento son, en algunos casos, imprecisas. Ante la discordancia de las indicaciones de diversos documentos igualmente oficiales, a veces he tenido que calcular medias aproximadas y, por lo tanto, estas cifras deberán ser consideradas sólo como órdenes de magnitud.

En la imposibilidad práctica de hacer una ficha para cada uno de los centenares de países que constituyen el tercer mundo, he elegido a los más importantes, preferentemente, y a algunos otros sobre los cuales la situación actual del mundo ha llamado la atención. Sin embargo, he tenido que abstenerme en el caso de Vietnam del Sur (así como en el de Vietnam del Norte, por lo que toca a los países socialistas), pues la guerra imperialista que asuela a estas dos mitades de un mismo país tenía que volver caducas, y tal vez trágicamente ridículas, las cifras que se hubiesen podido presentar. Otra

1. *Op. cit.*
2. *Op. cit.*

de las cosas que lamento muchísimo es no ofrecer una ficha correspondiente a China, por falta de datos recientes suficientes.

Por último, quiero hacer dos indicaciones prácticas: "todas las industrias" quiere decir industrias extractivas y manufactureras juntas; M quiere decir millón.

Países socialistas

CUBA

114 500 km²; 7 800 000 hab (+ 2.5% al año); 68 hab por km².
Capital: La Habana, 1 650 000 hab (aglomeración).
Ciudades principales (más de 100 000 hab): Santiago de Cuba, Camagüey, Guantánamo, Santa Clara.
Moneda nacional: peso = 1 dólar.
PIB 1965 = 4 100 M de pesos (por hab = 540 dólares).
Tasa de incremento anual 1958-1965: 6 a 7%.
Total de gastos del presupuesto 1965: 2 535 M de pesos.
Consumo 1964 por hab: energía: 931 kg; acero industrial: 29 kg.
Producciones notables: azúcar: 6 M de t (2o. lugar mundial); tabaco: 60 000 t; puros: 600 M; cigarrillos: 18 000 M; ganado bovino: 7.2 M de cabezas; arroz, algodón, cítricos; minerales de manganeso: 70 000 t; cromo: 30 000 t; cobalto, cobre, níquel: 34 000 t; industrias ligeras (textiles, alimentos); en desarrollo: centrales eléctricas, cemento, abonos.

Comercio exterior 1963, 1965

Importaciones CIF, *1963*	*M de pesos*	*Exportaciones* FOB, *1965*	*M de pesos*
Alimentación	197	Azúcar	591
Productos brutos, salvo petróleo	37	Tabaco	32
Carbón, petróleo y derivados	80	Productos brutos	25
Productos químicos	81	Productos químicos	26
Productos manufacturados	154		
Maquinaria y material de transporte	280		
Total	867	Total	685
Principales proveedores, 1963		*Principales clientes, 1965*	
		Unión Soviética	322
Unión Soviética	461	China	100
China	91	Checoslovaquia	45
Checoslovaquia	55	España	33

Países socialistas

CHECOSLOVAQUIA

128 000 km^2; 14.3 M de hab (+ 0.7% por año); 112 hab por km^2.
Capital: Praga, 1.05 M de hab.
Ciudades principales: Brno, 340 000 hab; Bratislava, Ostrava, 270 000; Plzen, 150 000.
Moneda nacional: koruna = 0.139 dólar.
Producto material neto 1965: 174 000 M de coronas.
Agricultura: 13%; todas las industrias: 65%.
Total de gastos del presupuesto 1964: 130 000 M de coronas.
Consumo 1964 por hab: energía: 5 789 kg; acero: 480 kg.
Productos notables: trigo: 1.8 M de t; cebada: 1.4 M de t; azúcar: 1 M de t; papas: 7.5 M de t; lúpulo; ganado bovino: 4.5 M de cabezas; porcino: 6 M de cabezas; carbón: 28 M de t; lignito: 75 M de t; minerales de antimonio: 2 000 t; de hierro, plomo, manganeso; azufre; 360 000 t; minerales radiactivos; acero: 8.5 M de t; cemento; 5.6 M de t; electricidad: 34 000 M de kwh; industria pesada, industrias ligeras y diversificadas; papel: 500 000 t; industrias tradicionales: vidrio, porcelana, calzado, cerveza.

Comercio exterior 1965

Importaciones FOB	M de *coronas*	*Exportaciones* FOB	*M de coronas*
Alimentos	1 679	Alimentos	573
Productos brutos animales y vegetales	3 778	Productos brutos animales y vegetales	1 211
Carbón, petróleo, minerales y metales	5 297	Carbón, petróleo, minerales y metales	3 937
Productos químicos abonos, caucho	1 462	Productos químicos abonos, caucho	732
Máquinas y equipo	5 758	Máquinas y equipo	9 385
Productos industriales de consumo	1 006	Productos industriales de consumo	3 194
Total	19 242	Total	19 357
Principales proveedores		*Principales clientes*	
Unión Soviética	6 874	Unión Soviética	7 364
República Democrática Alemana	2 073	República Democrática Alemana	1 995
Polonia	1 502	Polonia	1 791
Hungría	1 234	Hungría	952
Rumania	679	República Federal Alemana	664
Bulgaria	642	Rumania y Yugoslavia	497
República Federal Alemana	633		

Países socialistas

POLONIA

312 500 km²; 31.7 M de hab (+ 1.3% por año); 101 hab por km².
Capital: Varsovia, 1.3 M de hab.
Ciudades principales: Lodz, 760 000; Lublin, 760 000; Cracovia, 520 000; más 20 ciudades de más de 100 000 hab.
Moneda nacional: zloty = 0.25 dólar
Producto material neto 1965: 537 000 M de zlotys.
Agricultura: 23%, todas las industrias: 51%.
Total de gastos del presupuesto 1964: 274 000 M de zlotys (1965: 289).
Consumo 1964 por hab: energía 3 518 kg; acero industrial: 256 kg.
Producciones notables: centeno: 8 M de t; avena: 2.5 M de t; azúcar: 1.7 M de t; papa: 45 M de t (2o. lugar mundial); carbón: 120 M de t (5o. lugar mundial); lignito: 22 M de t; electricidad: 44 000 M de kwh; minerales de plomo: 40 000 t; de zinc: 150 000 t; azufre: 240 000 t; acero: 9 M de t; cemento: 9.5 M de t; industrias metalúrgicas, textiles, químicas.

Comercio exterior 1965

Importaciones FOB	*M de zlotys*	*Exportaciones* FOB	*M de zlotys*
Alimentación	389	Alimentación	1 306
Productos brutos animales y vegetales	2 175	Productos brutos animales y vegetales	714
Carbón, petróleo, minerales y metales	2 290	Carbón, petróleo, minerales y metales	2 237
Productos químicos abonos, caucho	748	Productos químicos abonos, caucho	339
Máquinas y equipo	3 067	Máquinas y equipo	3 069
Productos industriales de consumo	630	Productos industriales de consumo	1 096
Total	9 361	Total	8 911
Principales proveedores		*Principales clientes*	
Unión Soviética	2 914	Unión Soviética	3 125
República Democrática Alemana	1 085	Checoslovaquia	834
Checoslovaquia	976	República Democrática Alemana	613
Hungría	423	Reino Unido	510
Reino Unido	385	República Federal Alemana	451

Países socialistas

REPÚBLICA DEMOCRÁTICA ALEMANA

108 300 km^2; 17 200 000 hab; 159 hab por km^2.
Capital: Berlín (Este) 1 100 000 hab.
Ciudades principales: Leipzig, 600 000 hab; Dresden, 510 000; Karl-Marx-Stadt, 290 000; Halle, 280 000; Magdeburgo, 270 000.
Moneda nacional: ost mark = 0.45 dólares.
Producto material neto 1965: 83 000 M de marcos.
Agricultura: 13%; todas las industrias: 74%.
Consumo 1964 por hab: energía = 5 569 kg; acero industrial = 424 kg.
Producciones notables: papa: 13 M de t; avena: 800 000 t; centeno: 1.9 M de t (4o. lugar mundial); ganado porcino: 9.5 M de cabezas; azúcar: 800 000 t; lignito: 280 M de t (1er. lugar mundial); electricidad: 53 500 M de kwh; acero: 4.4 M de t; cemento; 6 M de t; industrias químicas, abonos, industrias textiles, mecánicas, óptica (fotografía); caucho sintético: 95 000 t.

Comercio exterior 1965

Importaciones FOB	*M de marcos*	*Exportaciones* FOB	*M de marcos*
(sólo se dispone de estadísticas de volumen)			
Total	11 769	Total	12 880
Principales proveedores		*Principales clientes*	
Unión Soviética	5 064	Unión Soviética	5 505
Checoslovaquia	1 103	Checoslovaquia	1 226
República Federal Alemana	1 075	República Federal Alemana	1 222
Polonia	589	Polonia	1 132
Hungría	521	Hungría	532
India	123	RAU	129

Países socialistas

RUMANIA

237 500 km^2; 19 140 000 hab (+ 0.8% por año); 81 hab por km^2.
Capital: Bucarest, 1.4 M de hab (aglomeración).
Ciudades principales: Cluj, 180 000; Ploesti, Brasov, Iasi: 140-150 000; Constanza, Braila, Galati, Craiova, Arad, Sibin, Oradea: 120-130 000.
Moneda nacional: Lev = 0.167 dólar.
Producto material neto: agricultura: 30%; todas las industrias: 48%; tasa de incremento anual 1958-1964: 9 a 10%.
Consumo por hab 1964: energía: 1 863 kg; acero: 214 kg.
Producciones notables: trigo: 6 M de t; maíz: 6 M de t; madera, frutas, lino, cáñamo, algodón; papas: 2.6 M de t; azúcar: 380 000 t; ganado bovino: 4.7 M de cabezas; porcino: 6 M de t; ovino: 12.5 M de t; petróleo: 12.5 M de t; gas natural: 17 000 M de m^3; carbón: 6 M de t; lignito: 6 M de t; mineral de hierro, manganeso, plata; azufre: 400 000 t; cemento: 5.4 M de t; acero: 3.4 M de t; industrias metalúrgica, química, textil.

Comercio exterior 1965

Importaciones FOB	*M de lei*	*Exportaciones* FOB	*M de lei*
Alimentos	155	Alimentos	919
Productos brutos animales y vegetales	762	Productos brutos animales y vegetales	1 420
Carbón, petróleo, minerales y metales	2 090	Carbón, petróleo, minerales y metales	1 667
Máquinas y equipo	2 521	Máquinas y equipo	1 223
Productos químicos abonos, caucho	407	Productos químicos abonos, caucho	425
Productos industriales de consumo	434	Productos industriales de consumo	728
Total	6 463	Total	6 609
Principales proveedores		*Principales clientes*	
Unión Soviética	2 437	Unión Soviética	2 631
República Federal Alemana	663	Checoslovaquia	751
Checoslovaquia	417	República Democrática Alemana	430
República Democrática Alemana	375	Italia	396
Italia	312	República Federal Alemana	380

Países socialistas

UNIÓN SOVIÉTICA (URSS)

22 402 200 km²; 1966: 233 M de hab (+ 1.6% por año); 10.4 hab por km².

Capital: Moscú, 6.5 M de hab.

Ciudades principales: Leningrado, 3.7 M de hab; Kiev, 1 330 000, Bakú, 1 150 000; Gorki, 1 100 000; Tachkent, 1 100 000; Kharkov, 1 100 000; Novosibirsk, 1 050 000.

Moneda nacional: rublo = 1.111 dólar.

Producto material neto 1965: 192 600 M de rublos.
Agricultura: 22%; todas las industrias: 52%; construcción: 9%.
Tasa de incremento anual 1958-1965: 7 a 8%.

Total de gastos del presupuesto 1965: 99 536 M de rublos.

Consumo 1964 por hab: energía: 3 430 kg; acero: 355 kg.

Producciones notables: trigo: 70 M de t; azúcar: 6.5 M de t; patatas: 70 M de t (1er. lugar mundial); ganado bovino: 90 M de t; ovinos: 140 M de t; porcino: 70 M de t; carbón: 425 M de t; petróleo: 243 M de t; gas natural: 130 000 M de m^3; acero: 91 M. de t; cemento: 75 M de t; hilados de algodón: 1.3 M de t; hilados de lana: 240 000 t; industrias pesadas, ligeras y científicas poderosas y diversificadas.

Comercio exterior 1965

Importaciones FOB	*M de rublos*	*Exportaciones* FOB	*M de rublos*
Alimentos, bebidas, tabaco	1 491	Alimentos, bebidas	525
trigo	358	Carbón, petróleo y derivados	1 265
azúcar	273	Otros productos brutos	1 316
Carbón, petróleo y derivados	179	Maquinaria y material de transporte	1 527
Otros productos brutos	898	Otros productos manufacturados	1 684
Maquinaria y material de transporte	2 433	Otras mercancías	1 038
Otros productos manufacturados	2 014		
Total	7 248	Total	7 350

Principales proveedores		*Principales clientes*	
Países socialistas de Europa	4 300	Países socialistas de Europa	4 100
Países socialistas de Asia	300	Países socialistas de Asia	400
Países capitalistas de Europa	1 150	Países capitalistas de Europa	1 500
Canadá	300	Canadá	?
Japón	200	Japón	200
Tercer mundo: América Latina	400	Tercer mundo: América Latina	450
Tercer mundo: Asia	400	Tercer mundo: Asia	400
Tercer mundo: África	200	Tercer mundo: África	250

Países capitalistas evolucionados

ESTADOS UNIDOS

9 400 000 km²; 197 M de hab (+ 1.6% por año); 21 hab por km².
Capital: Washington, 2.3 M de hab.
Ciudades principales: Nueva York, 11.4 M de hab; Los Ángeles, 6.6 M; Chicago: 6.1 M; Filadelfia: 4.6 M; Detroit: 3.6 M; San Francisco: 2.9 M; Boston: 2.5 M.
Moneda nacional: dólar = 4.90 francos = 0.357 libra esterlina..
P.N.B. 1965: 692 000 M de dólares (por habitante: 3 550 dólares). Agricultura: 3.5%; todas las industrias y construcción: 38.5%; servicios: 58%; tasa de incremento anual 1955-65: 3.4%.
Total de gastos del presupuesto 1965: 122 400 M de dólares.
Consumo 1964 por hab: energía: 8 772 kg; acero: 615 kg.
Producciones notables (1965): cereales: 165 M de t; algodón: 3.3 M de t; tabaco: 1.05 M de t; ganado bovino: 107 M de cabezas; leche: 57 M de t; hulla: 475 M de t; petróleo: 385 M de t; gas natural: 444 000 M de m³; minerales de hierro: 48 M de t; de cobre: 1.15 M de t; de plomo: 260 000 t; de molibdeno: 30 000 t (80% de la producción mundial); de tungsteno: 5 000 t; bauxita: 2 M de t; fosfatos: 23 M de t; acero: 122 M de t; cemento: 62 M de t; automóviles: 9.3 M de unidades; todas sus industrias están ultradesarrolladas.

Comercio exterior 1965

Importaciones FOB	*M de dólares*	*Exportaciones* FOB	*M de dólares*
Alimentos, animales, tabaco	3 579	Alimentos, animales, tabaco	4 516
Productos brutos	3 036	Productos brutos	2 356
Carbón, petróleo y derivados	2 222	Carbón, petróleo y derivados	946
Productos químicos	781	Productos químicos	2 402
Productos manufacturados	5 556	Productos manufacturados	3 258
Maquinaria y material de transporte	2 940	Maquinaria y material de transporte	10 016
Artículos manufacturados diversos	1 973	Artículos manufacturados diversos	1 612
Total	21 366	Total	27 003
Principales proveedores		*Principales clientes*	
Canadá	4 832	Canadá	5 643
Japón	2 414	Japón	2 080
Reino Unido	1 405	República Federal Alemana	1 650
República Federal Alemana	1 342	Reino Unido	1 615
Venezuela	1 021	México	1 106
México	638	Países Bajos	1 088

Países capitalistas evolucionados

FRANCIA

551 000 km²; 50 M de hab (+1.3% por año); 91 hab por km².
Capital: París, 7.5 M de hab (aglomeración).
Ciudades principales: Lyon, 900 000 hab.; Marsella, 830 000.
Moneda nacional: franco = 0.204 dólar = 0.0728 libra esterlina.
PNB 1965: 470 000 M de francos = 94 000 M de dólares (por hab: 1 920 dólares).
Agricultura: 8%; todas las industrias y construcción: 47%; servicios: 45%; tasa de incremento anual 1955-65: 5.0%.
Total de gastos del presupuesto 1964: 93 170 M de francos.
Consumo 1964 por hab: energía: 2 933 kg; acero: 356 kg.
Producciones notables (1965): cereales: 26.7 M de t; vino: 60.5 M de hl; ganado bovino: 20.6 M de cabezas; ovino y caprino: 10 M; leche: 26.2 M de t; hulla: 51 M de t; gas natural: 5 100 M de m³; mineral de hierro: 20 M de t; bauxita: 2.4 M de t; potasa: 2 M de t; acero: 15.8 M de t; cemento: 22.5 M de t; automóviles: 1.4 M de unidades; toda clase de industrias, desarrollo equilibrado de la agricultura y de la industria.

Comercio exterior 1965

Importaciones CIF	*M de francos*	*Exportaciones* FOB	*M de francos*
Alimentos, animales, tabaco	8 749	Alimentos, animales, tabaco	7 895
Productos brutos	7 752	Productos brutos	3 536
Carbón, petróleo y derivados	7 898	Carbón, petróleo y derivados	1 608
Productos químicos	3 487	Productos químicos	5 007
Productos manufacturados	9 124	Productos manufacturados	13 764
Maquinaria y material de transporte	10 212	Maquinaria y material de transporte	13 045
Artículos manufacturados diversos	3 145	Artículos manufacturados diversos	4 139
Total	51 029	Total	49 608
Principales proveedores		*Principales clientes*	
República Federal Alemana	9 440	República Federal Alemana	9 580
Estados Unidos	5 372	UEBL	4 820
UEBL	4 240	Italia	3 619
Italia	3 585	Estados Unidos	2 935
Argelia	2 811	Suiza	2 850
Reino Unido	2 580	Argelia	2 526
Países Bajos	2 569	Países Bajos	2 303

Países capitalistas evolucionados

JAPÓN

370 000 km^2; 99 M de hab (+ 1.0% por año); 270 hab por km^2.
Capital: Tokyo, 10.5 M de hab.
Ciudades principales: Osaka, 3.25 M de hab; Nagoya, 1.9 M; Yokohama, 1.65 M; Kyoto, 1.35 M; Kobe, 1.2 M; Kitakyushu, 1.1 M.
Moneda nacional: Yen = 0.0028 dólar.
PNB 1965: 30 100 M de yenes=83 600 M de dólares (por hab = 853 dólares).
Agricultura: 12%; todas las industrias y construcción: 38%; servicios: 50%; tasa de incremento anual 1955-65: 9.6%.
Total de gastos del presupuesto 1965: 3 990 M de yenes.
Consumo 1964 por hab: energía: 1 660 kg; acero: 324 kg.
Producciones notables (1965): arroz: 17 M de t; té: 83 000 t; maderas brutas: 60 M de m^3; pescado: 6.6 M de t; hulla: 50 M de t; producciones notables de minerales de cobre, plomo, manganeso, mercurio, molibdeno, plata, tungsteno, zinc; azufre: 4 M de t; construcciones navales: la tercera parte de la producción mundial; acero: 27.5 M de t; cemento: 32.2 M de t; todas las industrias.

Comercio exterior 1965

Importaciones CIF	*M de dólares*	*Exportaciones* FOB	*M de dólares*
Alimentos, animales, tabaco	1 470	Alimentos, animales, tabaco	344
Productos brutos	3 168	Productos brutos	223
Carbón, petróleo y derivados	1 626	Carbón, petróleo y derivados	30
Productos químicos	408	Productos químicos	547
Productos manufacturados	551	Productos manufacturados	3 422
Maquinaria y material de transporte	711	Maquinaria y material de transporte	2 643
Artículos manufacturados diversos	165	Artículos manufacturados diversos	1 167
Total	8 170	Total	8 452
Principales proveedores		*Principales clientes*	
Estados Unidos	2 366	Estados Unidos	2 510
Australia	552	Liberia (barcos)	371
Canadá	357	Australia	313
Kuwait	305	Hong-Kong	288
Filipinas	254	China	245
Irán	247	Filipinas	240

Países capitalistas evolucionados

REINO UNIDO

244 000 km²; 55 M de hab (+ 0.7% por año); 225 hab por km².
Capital: Londres, 8 200 000 hab.
Ciudades principales: Birmingham, 3.4 M; Manchester, 2.5 M; Leeds, 1.75 M; Liverpool, 1.4 M; Glasgow, 1.05 M; Newcastle, 0.9 M.
Moneda nacional: libra esterlina = 2.81 dólares = 13.735 francos. (devaluación de 14.3% en noviembre de 1967).
PNB 1965: 35 300 M de libras = 99 000 M de dólares (por hab: 1 813 dólares).
Agricultura: 4.5%; todas industrias y construcción: 49.5%; servicios: 46%; tasa de incremento anual 1955-65: 3.1%.
Total de gastos del presupuesto 1964: 9 350 M de libras.
Consumo 1964 por hab: energía: 5 079 kg; acero: 438 kg.
Producciones notables (1965): cereales: 12 M de t; ganado ovino: 30 M de cabezas; lana: 58 000 t; hulla: 190 M de t; acero: 17.8 M de t; cemento: 17 M de t; automóviles: 1.7 M de unidades; todas las industrias, sobre todo químicas, construcciones navales.

Comercio exterior 1965

Importaciones CIF	*M de libras*	*Exportaciones* FOB	*M de libras*
Alimentos, animales, tabaco	1 711	Alimentos, animales, tabaco	298
Productos brutos	1 046	Productos brutos	144
Carbón, petróleo y derivados	617	Carbón, petróleo y derivados	133
Productos químicos	283	Productos químicos	439
Productos manufacturados	1 088	Productos manufacturados	1 211
Maquinaria y material de transporte	606	Maquinaria y material de transporte	1 986
Artículos manufacturados diversos	275	Artículos manufacturados diversos	357
Total	5 763	Total	4 724

Principales proveedores		*Principales clientes*	
Estados Unidos	674	Estados Unidos	498
Canadá	459	Australia	280
Baíses Bajos	271	Sudáfrica	264
República Federal Alemana	265	República Federal Alemana	255
Australia	220	Suecia	220
Suecia	215	Canadá	200

Países capitalistas evolucionados

REPÚBLICA FEDERAL ALEMANA (RFA)

248 500 km²; 60 M de hab (+ 1.3% por año); 240 hab por km².

Capital: Bonn, 150 000 hab.

Ciudades principales: Berlín (Oeste), 2.2 M de hab; Hamburgo, 1.9 M; Munich, 1.2 M; Colonia, 850 000.

Moneda nacional: marco = 0.251 dólar.

PNB 1965: 450 000 M de marcos = 112 400 M de dólares (1 905 dólares por hab).
Agricultura: 5%; todas las industrias y construcción: 53%; servicios: 42%; tasa de incremento anual 1955-65: 5.6%.

Total de gastos del presupuesto 1964: 90 490 M de marcos.

Consumo 1964 por hab: energía: 4 230 kg; acero: 579 kg.

Producciones notables (1965): cereales: 15.3 M de t; papa: 21.5 M de t; ganado bovino: 13.7 M de cabezas; porcino: 17.7 M de t; leche: 21 M de t; hulla: 140 M de t; lignito: 100 M de t; minerales de plomo: 50 000 t; zinc: 110 000 t; potasa: 2.5 M de t; acero: 37 M de t; cemento: 34 M de t; automóviles: 2.7 M de unidades; gran desarrollo industrial, sobre todo de las industrias químicas.

Comercio exterior 1965

Importaciones CIF	*M de dólares*	*Exportaciones* FOB	*M de dólares*
Alimentos, animales, tabaco	3 650	Alimentos, animales, tabaco	412
Productos brutos	2 824	Productos brutos	518
Carbón, petróleo y derivados	1 364	Carbón, petróleo y derivados	728
Productos químicos	840	Productos químicos	2 077
Productos manufacturados	4 084	Productos manufacturados	3 987
Maquinaria y material de transporte	2 302	Maquinaria y material de transporte	8 270
Diversos artículos manufacturados	1 127	Diversos artículos manufacturados	1 572
Total	17 472	Total	17 892
Principales proveedores		*Principales clientes*	
Estados Unidos	2 296	Francia	1 949
Francia	1 960	Países Bajos	1 843
Países Bajos	1 706	Estados Unidos	1 436
Italia	1 641	UEBL	1 391
UEBL	1 353	Suiza	1 158

Tercer mundo: África

ANGOLA

1 247 000 km²; 5 200 000 hab (+ 1.4% por año); 4.2 hab por km². (de los cuales 110 000 son europeos).

Capital: Luanda, 250 000 hab.

Moneda: escudo: 0.034 dólar.

PIB 1965: alrededor de 11 300 M de escudos (por hab: aprox. 80 dólares).

Consumo 1964 por hab: energía: 98 kg.

Producciones notables: café: 185 000 t; sisal, algodón, tabaco, cacao, azúcar, copra, cera; ganado bovino: 1 300 000 cabezas; petróleo: 900 000 t; diamantes: 4% de la producción mundial; recursos de hierro, cobre, manganeso; pescado: alrededor de 300 000 t.

Comercio exterior 1965

Importaciones CIF	*M de escudos*	*Exportaciones* FOB	*M de escudos*
Productos siderúrgicos	562	Café	2 687
Automóviles y refacciones	541	Diamantes	904
Vinos	430	Maíz	283
Tejidos de algodón	377	Sisal	275
Medicamentos	150	Harina de pescado	175
Tractores	149	Mineral de hierro	145
		Azúcar	113
Total	5 601	Total	5 745
Principales proveedores		***Principales clientes***	
Portugal	2 661	Portugal	2 033
Reino Unido	627	Estados Unidos	1 324
República Federal Alemana	459	Países Bajos	679
Estados Unidos	441	República Federal Alemana	312
		Francia	247

Tercer mundo: África

ARGELIA

2 382 000 km^2; 11.3 M de hab (+ 2.6% por año); 4.7 hab por km^2.

Capital: Argel, 900 000 hab.

Ciudades principales: Orán, 350 000 hab; Constantine, 225 000; Annaba, 180 000.

Moneda nacional: dinar = 0.20 dólares.

PIB 1965: alrededor de 13 400 M de dinares (por hab: alrededor de 230 dólares).
Agricultura: 20-22%; todas las industrias: 25-27%.

Consumo 1964 por hab: energía: 275 kg; acero: 23 kg.

Producciones notables: vino: alrededor de 12 M de hl; cítricos: 450 000 t; petróleo: 26.5 M de t; gas natural: 2 000 M de m^3 (reservas importantes); mineral de hierro: 1.6 M de t; de zinc, de plomo; fosfatos: 1963: 350 000 t; 1964: 73 000 t; cemento: 730 000 t; siderúrgica en construcción en Annaba, esparto, hortalizas.

Comercio exterior 1963
(Cifras provisionales: aprox. 92% del total)

Importaciones CIF	*M de dinares*	*Exportaciones* FOB	*M de dinares*
		Petróleo crudo	2 131
		Vino	465
		Cítricos	168
		Mineral de hierro	148
(faltan cifras significativas)		Legumbres frescas	53
		Fosfatos	34
		Preparaciones de alimentos vegetales	28
		Pieles sin curtir	25
		Dátiles	24
Total	3 090	Total	3 476
Principales proveedores 1962		*Principales clientes 1962*	
Francia	1 372	Francia	806
Estados Unidos	107	Reino Unido	39
Marruecos	46	Italia	24
Costa de Marfil	39		
Italia	34		

Tercer mundo: África

CAMERÚN

475 400 km²; 5 250 000 hab (+ 2.2% por año); 11 hab por km².
Capital: Yaoundé, 125 000 hab.
Puerto principal: Duala, 200 000 hab.
PIB 1963: 149 000 M de francos CFA (por hab: 117 dólares); tasa de crecimiento anual 1960-65: alrededor de 7%.
Consumo 1964 por hab: energía: 71 kg.
Producciones notables: café: 50-60 000 t; plátano: 180 000 t; cacao: 95 000 t; cacahuate: 170 000 t; algodón-semilla: 60 000 t; maderas: cerca de 6 M de m³; ganado bovino: 1 750 000 cabezas; caucho: 12 000 t; mandioca, mijo y sorgo, copra; producción de aluminio: 53 000 t con alúmina importada de Guinea. Laminadora de aluminio en construcción.

Comercio exterior 1964

Importaciones CIF	*M de francos* CFA	*Exportaciones* FOB	*M de francos* CFA
Alimentos, animales, tabaco	5 758	Alimentos, animales, tabaco	20 193
Productos brutos	580	(de donde, café y cacao)	(17 758)
Carbón, petróleo y derivados	2 128	Productos brutos (madera y	
Productos químicos	4 679	algodón principalmente)	7 583
Productos manufacturados	10 117	Aluminio y aleaciones	5 115
Maquinaria y material de transporte	7 173		
Artículos manufacturados diversos	3 219		
Total	32 836	Total	34 516
Principales proveedores		*Principales clientes*	
Francia	17 310	Francia	18 573
República Federal Alemana	2 089	Países Bajos	4 612
Reino Unido	1 826	Estados Unidos	2 365
Estados Unidos	1 552	República Federal Alemana	2 109
Guinea	1 545	Reino Unido	2 006
Japón	1 502	Italia	1 416

Tercer mundo: África

CONGO-KINSHASA

2 345 000 km²; 15 650 000 hab (+ 2.1% por año); 6.7 hab por km².
Capital: Kinshasa, 410 000 hab.
Ciudades principales: Elisabethville, 185 000 hab; Stanleyville, 130 000; Luluabourg, 120 000; Jadotville, 80 000.
Moneda nacional 1965: franco = 0.0056 dólar; *1967:* zaire = 2 dólores.
PIB 1965: 211 000 M de francos (por hab: 75 dólares).
Agricultura: aprox. 27%; minas: aprox. 20%; industrias manufactureras: aprox. 11%.
Consumo 1964 por hab: energía: 79 kg; acero: 5 kg.
Producciones notables: minerales de cobre: 290 000 t (6º lugar mundial); diamantes: 50% de la producción mundial; oro: 7 000 kg; minerales de manganeso: 170 000 t (8º lugar mundial); cobalto; minerales de zinc: 120 000 t; concentrados de estaño: aprox. 6 500 t; cemento: 230 000 t; aceite de palma: 215 000 t; copra: 125 000 t; café: 60 000 t; caucho: 35 000 t; cacahuate: 120 000 t; cacao, algodón, mandioca.

Comercio exterior 1963, 64, 65

Importaciones CIF *1963*	*M de francos*	*Exportaciones* FOB *1965*	*M de francos*
Alimentos, animales, tabaco	5 439	Cobre	28 862
Productos brutos	362	Aceite de palma	3 587
Carbón, productos petroleros	1 962	Diamantes	3 498
Productos químicos	1 518	Mineral de zinc y zinc bruto	3 217
Productos manufacturados	4 248	Mineral de estaño y estaño bruto	2 739
Maquinaria y material de transporte	5 192	Cobalto	2 731
Artículos manufacturados diversos	878	Café	2 572
Total	19 755	Total	49 310

Principales proveedores 1964		*Principales clientes 1964*	
UEBL	15 454	UEBL	11 938
Estados Unidos	10 301	Reino Unido	3 833
República Federal Alemana	2 885	Italia	3 760
		Francia	2 984
		República Federal Alemana	1 525

Tercer mundo: África

COSTA DE MARFIL

322 500 km^2; 3 850 000 hab (+ 3.1% por año); 11.7 hab por km.^{2}.
Capital: Abidjan, 320 000 hab.
Ciudad principal: Buaké, 80 000 hab.
Moneda nacional: franco CFA = 0.004 dólares.
PIB 1964: 235 000 M de francos CFA (por hab: aprox. 250 dólares).
Consumo 1964 por hab: energía: 107 kg.
Producciones notables: café: 300 000 t (3er. lugar mundial); cacao: 130 000 t (4º lugar mundial). Producción importante de: plátano, piña, aceite de palma, madera: 7.5 M de m^3; minerales de manganeso: 61 000 t; fábricas de aceites, de conservas, industria textil.

Comercio exterior 1965

Importaciones CIF	*M de francos* CFA	*Exportaciones* FOB	*M de francos* CFA
Alimentos, animales, tabaco	8 281	Café	26 253
Petróleo y productos petroleros	3 248	Maderas brutas o semibrutas	18 156
Productos químicos	3 773	Cacao	12 069
Productos y artículos manufacturados	23 247	Plátano	2 796
Maquinaria y material de transporte	16 479	Frutos preparados	1 281
		Mineral de manganeso	750
Total	58 301	Total	68 418
Principales proveedores		*Principales clientes*	
Francia	36 379	Francia	25 771
República Federal Alemana	3 428	Estados Unidos	10 631
Estados Unidos	3 161	Italia	6 005
Italia	1 882	Países Bajos	4 739
		República Federal Alemana	4 534

Tercer mundo: África

ETIOPÍA

1 222 000 km^2; 22 650 000 hab (+ 1.7% por año); 18.5 hab por km^2.
Capital: Addis-Abeba, 520 000 hab.
Ciudades principales: Asmara, 140 000 hab; Harar, 50 000.
Moneda nacional: dólar etiope = 0.4 dólar norteamericano.
PIB 1965: 3 400 M de dólares etiopes (por hab: aprox. 60 dólares)
Agricultura: 65%; todas las industrias: 7%.
Su economía es una de las más atrasadas del mundo.
Producciones principales: café: 135 000 t; cereales (maíz, cebada), algodón, oleaginosas, legumbres (escasos rendimientos); ganado bovino: 25 M de cabezas; ovino: 25 M de cabezas.

Comercio exterior 1965

Importaciones CIF	*M de dólares etiopes*	*Exportaciones* FOB	*M de dólares etiopes*
Alimentos, animales, tabaco	25	Café	188
Productos brutos	18	Pieles sin curtir	24
Petróleos y productos petroleros	24	Oleaginosas	23
Productos químicos	27	Legumbres	15
Productos manufacturados	95	Carnes	7
Maquinaria y material de transporte	141		
Artículos manufacturados diversos	43		
Total	376	Total	283
Principales proveedores		*Principales clientes*	
Italia	67	Estados Unidos	157
Japón	57	Italia	19
Estados Unidos	44	Arabia Saudita	13
República Federal Alemana	40	República Federal Alemana	11
Reino Unido	34		
Francia	18		

Tercer mundo: África

GHANA

238 500 km²; 7 900 000 hab (+ 2.4% por año); 33 hab por km².
Capital: Accra, 400 000 hab.
Ciudades principales: Kumasi, 200 000; Takoradi (puerto), 110 000 hab.
Moneda nacional 1965: libra ghanesa ≐ 1 libra esterlina = 2.8 dólares (en julio de 1965, devaluación de cerca de 30%); cedi = 0.417 libra.
PIB 1964: 685 M de libras ghanesas (por hab: 250 dólares). Crecimiento anual medio 1958-65: 3.6%.
Consumo 1964 por hab: energía: 120 kg; acero: 11 kg. Total de gastos del presupuesto 1965: 200 M de libras ghanesas.
Producciones notables: cacao: 450 000 t (1er. lugar mundial); minerales de manganeso: 250 000 t (6º lugar mundial); oro: 25 000 kg (6º lugar mundial); maderas; diamantes: alrededor del 10% de la producción mundial; bauxita: 250 000 t.

Comercio exterior 1965

Importaciones CIF	*M de cedis*	*Exportaciones* FOB	*M de cedis*
Alimentos, animales, tabaco	45	Cacao (granos y manteca)	179
Petróleo y productos petroleros	16	Maderas y productos de madera	30
Productos químicos	24	Diamantes industriales	16
Productos industriales	130	Minerales de manganeso	11
Maquinaria y material de transporte	125		
Artículos manufacturados diversos	28		
Total	382	Total	249
Principales proveedores		*Principales clientes*	
Reino Unido	99	Estados Unidos	42
República Federal Alemana	35	Reino Unido	32
Estados Unidos	33	Países Bajos	28
Unión Soviética	26	República Federal Alemana	27
Países Bajos	19	Unión Soviética	26
Polonia	17	Italia	11
Japón	17		

Tercer mundo: África

GUINEA

246 000 km²; 3 600 000 hab (+ 2.7% por año); 14.3 hab por km².
Capital: Conakry, 125 000 hab.
Ciudades principales: Kankan, 35 000 hab; Boke, 15 000, en gran expansión.
Moneda nacional: franco = 0.004 dólar.
PIB 1965: 96 000 M de francos (por hab: alrededor de 110 dólares).
Consumo 1964 por hab: energía: 101 kg.
Producciones notables: bauxita: 1.8 M de t (6º lugar mundial); alúmina: 500 000 t (producción FRIA); minerales de hierro, oro, diamantes, plátano, café, cacahuate, copra, piña, expansión prevista de la alúmina y de la producción de aluminio.

Comercio exterior 1962 [1]

Importaciones CIF	*M de francos*	*Exportaciones* FOB	*M de francos*
Arroz	1 546	Alúmina	6 631
Otros productos alimenticios y tabaco, aprox.	1 500	Plátano	1 120
Productos petroleros	1 188	Semillas oleaginosas	1 050
Productos químicos	1 052	Café	712
Maquinaria y material de transporte, aprox.	3 000	Minerales de hierro	612
Productos y artículos manufacturados, aprox.	8 800	Diamantes	498
Total	16 195	Total	11 086
Principales proveedores		*Principales clientes*	
Unión Soviética	3 269	Francia	2 036
Francia	2 385	Camerún	1 410
Estados Unidos	1 814	Estados Unidos	1 227
República Federal Alemana	1 252	Noruega	1 173
Checoslovaquia	841	República Democrática Alemana	725
Países Bajos	650	Polonia	690
		Unión Soviética	625

1. Último año con cifras completas.

Tercer mundo: África

KENIA

583 000 km²; 9 500 000 hab (+ 2.9% por año); 16.4 hab por km².
Capital: Nairobi, 330 000 hab.
Ciudades principales: Mombasa, 200 000 hab (puerto).
Moneda nacional: chelín de África del Este = 0.14 dólar.
PIB 1965: 5 800 M de chelines (por hab: 92 dólares).
Agricultura: 38%; todas las industrias: 13%; tasa de crecimiento anual 1958-65: 3.2%.
Consumo 1964 por hab: energía: 129 kg.
Total de gastos del presupuesto 1965: 1 176 M de chelines.
Producciones notables: café: 45 000 t; té: 20 000 t; caña de azúcar, sisal, plátano, piretro; ganado bovino: 7.5 M de cabezas; oro: 390 kg; cobre; turismo (cotos de caza y parques nacionales).

Comercio exterior 1965

Importaciones CIF	*Miles de libras*	*Exportaciones* FOB	*Miles de libras*
Alimentos, animales, tabaco	10 405	Café	14 111
Carbón, petróleo y derivados	10 281	Fibras vegetales	7 742
Productos químicos	8 345	Té	6 085
Productos manufacturados	23 474	Productos petroleros	4 670
Maquinaria y material de transporte	22 959	Carnes y preparaciones	2 468
		Piretro	2 230
Artículos manufacturados diversos	6 058	Pieles sin curtir	1 742
Total	88 916	Total	51 870
Principales proveedores		*Principales clientes*	
Reino Unido	25 164	Reino Unido	10 138
Japón	9 058	República Federal Alemana	7 374
Estados Unidos	8 511	Estados Unidos	2 643
República Federal Alemana	6 147	Países Bajos	2 038
Irán	4 149		

Tercer mundo: África

MARRUECOS

465 000 km²; 14 000 000 hab (+ 3.2% por año); 30 hab por km².
Capital: Rabat, 230 000 hab.
Ciudades principales: Casablanca, 1.2 M de hab; Marrakech, 250 000; Fes, 230 000; Meknes, 180 000; Tánger, 150 000; Oujda, 130 000; Tetuán 110 000.
Moneda nacional: dirham = 0.198 dólar.
IN 1965: 11 500 M de dirhams.
PIB 1965: 12 000 M de dirhams (por hab: 175 dólares).
Agricultura: 32%; minas: 8%; industrias manufactureras: 14%; tasa de crecimiento anual 1960-67: 3.2%.
Consumo 1964 por hab: energía: 149 kg; acero: 16 kg.
Producciones notables: cítricos: 575 000 t; ganado ovino: 13 M de cabezas; tomate; cereales (cebada, trigo duro, maíz), uva, almendra, aceituna, arroz, algodón; fosfatos naturales: 10 M de t (1er. exportador mundial); minerales de manganeso: 150 000 a 200 000 t; cobalto: 1 500 t; plomo: 75 000 t; zinc: 45 000 t; hierro: aprox. 600 000 t; hulla, antimonio, cobre; industrias textiles, alimenticias (sardina); pescado: 200 000 t.

Comercio exterior 1964

Importaciones CIF	*M de dirhams*	*Exportaciones* FOB	*M de dirhams*
Alimentos, animales, tabaco	636	Fosfatos	578
Azúcar	327	Cítricos	311
Productos brutos	213	Legumbres frescas	269
Carbón, petróleo y derivados	137	Minerales no ferrosos	164
Productos químicos	196	Conservas de pescado	135
Productos manufacturados	570	Vino	119
Maquinaria y material de transporte	427	Cereales	65
Artículos manufacturados diversos	75	Minerales de hierro	40
		Conservas de legumbres	32
Total	2 308	Total	2 186

Principales proveedores		*Principales clientes*	
Francia	879	Francia	958
Estados Unidos	271	República Federal Alemana	182
Cuba (azúcar)	186	España	132
República Federal Alemana	140	Reino Unido	108
		UEBL	79

Tercer mundo: África

MOZAMBIQUE

783 000 km²; 7 M de hab (+ 1.3 % por año); 9 hab por km².
Capital: Lourenço Marques, 200 000 hab.
Ciudad principal: Beira, 50 000 hab.
Moneda: escudo=0.034 dólar.
PIB 1965: 12 000 M de escudos (por hab: aprox. 60 dólares).
Consumo 1964 por hab: energía: 132 kg.
Producciones principales: algodón: 35 000 t; arroz: 150 000 t; té: 10 000 t; sisal, copra, caña de azúcar, maíz, mandioca, haba, madera; ganado bovino: 1 150 000 cabezas; hulla: 280 000 t; recursos poco explotados de mineral de hierro, bauxita, cobre, oro; industria limitada a la transformación de productos agrícolas.

Comercio exterior 1965

Importaciones CIF	*M de escudos*	*Exportaciones* FOB	*M de escudos*
		Semillas oleaginosas	680
		Algodón bruto	554
(Falta de cifras significativas)		Azúcar en bruto	292
		Té	205
		Maderas	194
		Sisal	175
		Aceites vegetales	170
Total	4 981	Total	3 107
Principales proveedores		*Principales clientes*	
Portugal	1 720	Portugal	1 151
Reino Unido	525	India	451
Sudáfrica	524	Sudáfrica	360
República Federal Alemana	385	Estados Unidos	147
Iraq	244	Reino Unido	142
Estados Unidos	206		

Tercer mundo: África

NIGERIA

924 000 km²; 58 500 000 hab (+ 2.0% por año); 63 hab por km².
Capital: Lagos, 680 000 hab.
Ciudades principales: Ibadan, 640 000 hab; Zaria, 175 000; Kano, 135 000; Oyo, 120 000; Iwo, 110 000; Enugu, 90 000.
Moneda nacional: libra = 2.8 dólares.
PIB 1965: 1 320 M de libras aprox. (por hab: aprox. 65 dólares). Agricultura: aprox. 60%; todas las industrias: aprox. 10%; tasa de crecimiento anual 1958-65: aprox. 5%.
Total de gastos del presupuesto 1963: 163 M de libras.
Consumo 1964 por hab: energía: 38 kg; acero: 6 kg.
Producciones notables: aceite de palma: 400 000 t (1er. lugar mundial); cacao: 300 000 t (2º lugar mundial); caucho: 70 000 t; cacahuate: 1 300 000 t (3er. lugar mundial); algodón; madera: 31 M de m³; ganadería; hulla: 700 000 t; concentrados de estaño: 9 000 t (6º lugar mundial); petróleo: 6 M de t.

Comercio exterior 1965

Importaciones CIF	*M de libras*	*Exportaciones* FOB	*M de libras*
Alimentos, bebidas, tabaco	25	Semillas oleaginosas	69
Productos brutos	6	Petróleo crudo o semirrefinado	68
Productos petroleros	17	Cacao	43
Productos químicos	20	Aceites vegetales	24
Productos manufacturados	90	Caucho	11
Maquinaria y material de transporte	92	Algodón	6
Artículos manufacturados diversos	21	Maderas	6
		Pieles sin curtir	5
Total	275	Total	263
Principales proveedores		*Principales clientes*	
Reino Unido	85	Reino Unido	101
Estados Unidos	33	Países Bajos	32
República Federal Alemana	30	República Federal Alemana	28
Japón	26	Estados Unidos	26
Italia	13	Francia	18
Francia	12		

Tercer mundo: África

REPÚBLICA ÁRABE UNIDA

1 M de km²; 30 M de hab (+ 2.9% por año); 30 hab por km².
Capital: El Cairo, 3 500 000 hab.
Ciudades principales: Alejandría, 1 600 000 hab; Port-Saud, 270 000; Suez, 210 000; Tantah, 190 000; Mansurah, 160 000; Ismailia, 120 000.
Moneda nacional: libra egipcia = 2.3 dólares.
PIB 1964: 2 050 M de libras (por hab: 155 dólares).
Agricultura: aprox. 23%; todas las industrias: aprox. 25%; tasa de crecimiento anual 1958-65: 6.5%.
Total de gastos del presupuesto 1965: 742 M de libras (1964: 480 M).
Consumo 1964 por hab: energía: 321 kg; acero: 24 kg.
Productos notables: algodón: 500 000 t (4º lugar mundial); azúcar: 400 000 t; semillas de algodón: 900 000 t (5º lugar mundial); maíz: 1 900 000 t; arroz: 2 M de t; trigo: 1 500 000 t; petróleo: 6.5 M de t; acero: 150 000 t; industrias textiles, alimenticias, abonos; ingresos del Canal de Suez: 200 M de dólares.

Comercio exterior 1965

Importaciones CIF	*M de libras egipcias*	*Exportaciones* FOB	*M de libras egipcias*
Alimentos, animales, tabaco	106	Algodón bruto	146
Productos brutos	39	Artículos textiles manufacturados	44
Carbón, petróleo y derivados	33	Arroz	20
Productos químicos	51	Petróleo y productos petroleros	17
Productos y artículos manufacturados	72	Legumbres frescas	10
Maquinaria y material de transporte	95		
Total	406	Total	261
Principales proveedores		*Principales clientes*	
Estados Unidos	82	Unión Soviética	57
República Federal Alemana	38	Checoslovaquia	27
Unión Soviética	37	China	20
India	24	República Federal Alemana	15
Italia	24	Italia	12
Francia	21	India	11

Tercer mundo: África

REPÚBLICA MALGACHE (MADAGASCAR)

596 000 km²; 6 600 000 hab (+ 3.3% por año); 11 hab por km².
Capital: Tananarive, 300 000 hab.
Ciudades principales: Tamatave, 55 000 hab (puerto principal); Tulear, 45 000; Majunga, 40 000; Fianarantsoa, 40 000.
Moneda nacional: franco CFA = 0.004 dólares.
PIB 1965: 176 000 M de francos CFA (por hab: 110 dólares).
Consumo 1964 por hab: energía: 37 kg.
Productos notables: café: 65 000 t; arroz: 1 270 000 t; algodón, caña de azúcar, vainilla, sisal; ganado bovino (cebú): 9 M de cabezas; uranio, mica, grafito, oro, cromo.

Comercio exterior 1965

Importaciones CIF	*M de francos* CFA	*Exportaciones* FOB	*M de francos* CFA
Alimentos, bebidas, tabaco	6 481	Café	7 133
Productos petroleros	1 844	Especias	3 531
Productos químicos	3 101	Vainilla	2 437
Productos manufacturados	9 822	Carnes	1 649
Maquinaria y material de transporte	8 606	Sisal y agaves	1 340
		Legumbres	1 031
Artículos manufacturados diversos	3 523	Tabaco bruto	877
Total	34 073	Total	22 632
Principales proveedores		***Principales clientes***	
Francia	21 313	Francia	10 122
Tailandia	1 922	Estados Unidos	6 092
Estados Unidos	1 507	Reunión	1 310
República Federal Alemana	1 405	República Federal Alemana	1 036
		Reino Unido	603

Tercer mundo: África

RODESIA

390 000 km²; 4.4 M de hab (230 000 europeos.) (+ 3.2% por año); 11 hab por km².

Capital: Salisbury, 320 000 hab.

Ciudad principal: Bulawayo, 220 000 hab.

Moneda: libra = 2.8 dólares.

IN 1965: 338 M de libras.

PIB 1965: 380 M de libras (por hab: 250 dólares).

Agricultura: 19%; minas: 10%; industria manufacturera: 19%; tasa de crecimiento anual 1958-65: 3.3%.

Total de gastos del presupuesto 1966: 86 M de libras.

Consumo 1964 por hab: energía: 577 kg; acero: 22 kg.

Producciones notables: maíz: 500 000 t; trigo, algodón; tabaco: 130 000 t (5º o 6º lugar mundial); azúcar: 170 000 t; cacahuate, cítricos, maderas; ganado bovino: 3.9 M de cabezas; hulla: 3 M de t; mineral de hierro: 500 000 t; de cromo: 200 000 t (2º lugar mundial); de cobre, de antimonio; oro: 18 t (6º lugar mundial); estaño, magnesita; amianto: 140 000 t (3er. lugar mundial).

Comercio exterior 1965

Importaciones FOB	*M de libras*	*Exportaciones* FOB	*M de libras*
Alimentos, bebidas, tabaco	13	Tabaco bruto	47
Productos brutos	5	Amianto	11
Productos petroleros	6	Textiles y vestidos	9
Productos químicos	13	Azúcar	7
Productos manufacturados	31	Cobre	7
Maquinaria y material de transporte	38	Carnes	6
		Hierro y acero	6
Artículos manufacturados diversos	11	Minerales de cromo	4
Total	112	Total	142
Principales proveedores		*Principales clientes*	
Reino Unido	36	Zambia	36
Sudáfrica	28	Reino Unido	31
Estados Unidos	8	Sudáfrica	15
Japón	7	República Federal Alemana	13
República Federal Alemana	5	Malawi	8
		Japón	7

Tercer mundo: África

SENEGAL

196 000 km²; 3 550 000 hab (+ 2.3% por año); 17.8 hab por km².
Capital: Dakar, 400 000 hab (puerto importante).
Ciudades principales: Kaolack, 90 000 hab; Thies, 75 000; San Luis, 70 000; Rufisque, 55 000.
Moneda nacional: franco CFA = 0.004 dólar.
PIB 1965: 167 000 M de francos CFA (por hab: 194 dólares); tasa de crecimiento anual 1958-65: 0%.
Consumo 1964 por hab: energía: 136 kg.
Producciones notables: cacahuate: 1 M de t (4o. lugar mundial); arroz: 100 000 t; algodón, mijo; ganado bovino: 2 M de cabezas; pescado: 130 000 t (atún, sobre todo); fosfato: 800 000 t; sal, yacimienttos de alúmina, bauxita, hierro, fábricas de aceite, de cerveza, pequeña industria textil.

Comercio exterior 1965

Importaciones CIF	*M de francos* CFA	*Exportaciones* FOB	*M de francos* CFA
Alimentos, bebidas, tabacos	14 801	Aceite de cacahuate	13 143
Productos petroleros, aprox.	2 000	Semillas oleaginosas	9 328
Productos brutos	1 444	Fosfatos	2 669
Productos químicos	2 498	Tortas de residuos	2 553
Productos manufacturados	10 847		
Maquinaria y material de transporte	5 769		
Artículos manufacturados diversos	2 352		
Total	40 554	Total	31 712

Principales proveedores		*Principales clientes*	
		Francia	25 589
Francia	21 548	República Federal Alemana	869
Cambodia	2 307	República Malgache	592
República Federal Alemana	1 805	Japón	588
Estados Unidos	1 665	Italia	466
Tailandia	1 626	Reino Unido	447

Tercer mundo: África

SUDÁFRICA

1 221 000 km²; 18.3 M de hab (+ 2.4% por año); 15 hab por km². (19% de blancos, 68% de negros, 13% de mestizos e indios).

Capital: Pretoria, 440 000 hab; capital administrativa: El Cabo.

Ciudades principales: Johannesburgo, 1.2 M de hab; Durbán, 700 000.

Moneda nacional: rand = 1.395 dólares.

Ingreso nacional 1964: 6 250 M de rands.

PIB 1964: 7 590 M de rands (alrededor de 625 dólares por hab). Agricultura: 9%; todas las industrias (sin exceptuar a la construcción): 40%; tasa de incremento anual 1958-64: 5.6%.

Total de gastos del presupuesto 1965: 1 547 M de rands.

Consumo 1964 por hab: energía 2 576 kg; acero: 173 kg.

Producciones notables: oro: 950 t (la mitad de la producción mundial); diamantes: alrededor de un sexto de la producción mundial, sin contar a la Unión Soviética; óxido de uranio: 3 800 t; acero: 3.25 M de t; hulla: 50 M de t; minerales de manganeso: 600 000 t; de cromo: 400 000 t; de antimonio: 13 000 t; amianto: 200 000 t; ganado caprino: 35 M de cabezas; bovino: 13 m de cabezas.

Comercio exterior 1965

Importaciones FOB	*M de rands*	*Exportaciones* FOB	*M de rands*
Alimentos, animales, tabaco	78	Alimentos, animales, tabaco	234
Productos brutos	132	Productos brutos	317
Carbón, petróleo y derivados	93	Carbón, petróleo y derivados	25
Productos químicos	124	Productos químicos	34
Productos manufacturados	426	Productos manufacturados	275
Maquinaria y material de transporte	738	Maquinaria y material de transporte	34
Artículos manufacturados diversos	122	Artículos manufacturados diversos	12
		Oro	766
Total	1 754	Total	1 817

Principales proveedores		*Principales clientes (salvo oro)*	
Reino Unido	494	Reino Unido	356
Estados Unidos	331	Estados Unidos	100
República Federal Alemana	191	Japón	72
Japón	101	República Federal Alemana	55
Italia	70	UEBL	45

Tercer mundo: África

SUDÁN

2 506 000 km²; 13 900 000 hab (+ 2.8% por año); 5.5 hab por km² (población heterogénea).

Capital: Kartum, 150 000 hab (aglomeración: más de 300 000).

Ciudades principales: Port-Sudán, 70 000 hab; Kassala, 50 000; Atbara, 40 000.

Moneda nacional: libra = 2.9 dólares.

PIB 1964: 485 M de libras (por hab: 110 dólares).
Agricultura: 54%; todas las industrias: 6%; tasa de crecimiento anual 1958-64: aprox. 5%.

Consumo 1964 por hab: energía: 60 kg.

Total de gastos del presupuesto 1966: 100 M de libras.

Producciones notables: algodón: 175 000 t (6o o 7o lugar mundial); ganado bovino: 7 M de cabezas; ovino: 8 M de t; caprino: 6 M de t; sal: 60 000 t; cereales secundarios, goma arábiga, oleaginosas.

Comercio exterior 1965

Importaciones CIF	*Miles de libras*	*Exportaciones* FOB	*Miles de libras*
Alimentos, bebidas, tabaco	17 278	Algodón bruto	31 195
Productos brutos	1 380	Oleaginosas	15 555
Carbón y productos petroleros	3 479	Goma arábiga	7 258
		Tortas de residuo	3 786
Productos químicos	7 016		
Productos manufacturados	22 461		
Maquinaria y material de transporte	15 200		
Artículos manufacturados diversos	4 314		
Total	72 289	Total	67 139

Principales proveedores		*Principales clientes*	
Reino Unido	16 918	República Federal Alemana	7 182
Japón	6 819	Italia	7 144
India	6 490	Reino Unido	6 560
Estados Unidos	4 728	China	5 365
República Federal Alemana	3 835	Países Bajos	4 473
Unión Soviética	2 583	Unión Soviética	4 378

Tercer mundo: África

TANZANIA

940 000 km²; 10 300 000 hab (+ 1.4% por año); 11 hab por km².
Capital: Dar-Es-Salam, 135 000 hab.
Ciudades principales: Zanzíbar, 65 000 hab.
Moneda nacional: chelín de África del Este = 0.14 dólar.
IN 1964: aprox. 4 700 M de chelines.
PIB 1964: aprox. 5 200 M de chelines (por hab: 70 dólares). Agricultura: 55%; todas las industrias: 7%; tasa de crecimiento anual 1958-65: 3.1%.
Total de gastos del presupuesto 1966: 1 350 M de chelines.
Consumo 1964 por hab: energía: 51 kg.
Producciones notables: sisal: 250 000 t; (1er. lugar mundial); semillas de girasol: la mayor parte de la producción mundial; café: 35 000 t; algodón: 50 000 t; ganado bovino: 8.3 M de cabezas; té, tabaco, arroz, cacahuate; oro: 3 000 kg; concentrados de estaño: 300 t; diamantes: 2.5% de la producción mundial.

Comercio exterior 1965

Importaciones CIF	*M de libras*	*Exportaciones* FOB	*M de libras*
Alimentos, bebidas, tabacos	4	Fibras de sisal y agaves	14
Productos brutos	1	Algodón bruto	12
Productos petroleros	2	Café	9
Productos químicos	4	Diamantes	7
Productos manufacturados	20	Anacardos	4
Maquinaria y material de transporte	17	Semillas de girasol	2
Artículos manufacturados diversos	5		
Total	54	Total	67
Principales proveedores		*Principales clientes*	
Reino Unido	17	Reino Unido	19
Japón	5	India	6
República Federal Alemana	4	Hong-Kong	5
Italia	4	República Federal Alemana	5
India	4	China	4
Estados Unidos	3	Estados Unidos	4

Tercer mundo: África

TÚNEZ

164 000 km^2; 4 800 000 hab (+ 2.1% por año); 20 hab por km^2.
Capital: Túnez, 700 000 hab (aglomeración).
Ciudades principales: Sfax, 75 000 hab; Susa, 55 000; Bizerta: 50 000; Kairuán, 45 000.
Moneda nacional: dinar = 1.905 dólares.
IN 1965: 414 M de dinares.
PIB 1965: 500 M de dinares (por hab: 185 dólares).
Agricultura: 22%; todas las industrias: 18%; tasa de crecimiento anual 1958-65: 5.3%.
Consumo 1964 por hab: energía: 244 kg; acero: 21 kg.
Producciones notables: aceite de oliva: 100 000 t; vino: 180 000 hl; cereales, dátiles, cítricos, esparto, corcho, pescado; fosfatos: 2 800 000 t; mineral de hierro: 600 000 t; mineral de plomo y de zinc; sal; industria: fábricas de aceite, de conservas; cemento: 450 000 t; se prevé la explotación de yacimientos de petróleo.

Comercio exterior 1965

Importaciones CIF	*M de dinares*	*Exportaciones* FOB	*M de dinares*
Alimentos, animales, bebidas y tabaco	18	Aceite de oliva	14
Productos brutos	7	Fosfatos brutos	13
Carbón, productos petroleros	7	Abonos fosfatados	9
Productos químicos	8	Cítricos	3
Productos manufacturados	39	Vinos	3
Maquinaria y material de transporte	40	Minerales de hierro	3
Artículos manufacturados diversos	6	Plomo	2
Total	129	Total	63

Principales proveedores		*Principales clientes*	
Francia	50	Francia	20
Estados Unidos	21	Italia	8
Italia	9	Reino Unido	3
República Federal Alemana	7	Yugoslavia	3
Reino Unido	5	Grecia	2
Unión Soviética	3	Argelia	2

Tercer mundo: África

UGANDA

236 000 km²; 7.7 M de hab (+ 2.5% por año); 32.6 hab por km².
Capital: Kampala, 140 000 hab (aglomeración).
Ciudades principales: Jinja, 35 000 hab.
Moneda nacional: chelín de África del Este: 0.14 dólar.
PIB 1965: 224 M de libras de África del Este (por hab: 83 dólares). Agricultura: 59%; todas las industrias: 12%; tasa de crecimiento anual 1958-1965: 3.8%.
Total de gastos del presupuesto 1966: 1 200 M de chelines.
Consumo 1964 por hab: energía: 36 kg.
Producciones notables: café: 180 000 t; algodón: 80 000 t; cacahuate: 160 000 t; té: 7 000 t; ganado bovino: 3.5 M de cabezas; madera: 11 M de m³; minerales de cobre: 20 000 t; de cobalto, de estaño.

Comercio exterior 1965

Importaciones CIF	*Miles de libras*	*Exportaciones* FOB	*Miles de libras*
Alimentos, bebidas, tabaco	2 146	Café	30 421
Productos brutos	612	Algodón en bruto	16 762
Productos petroleros	446	Cobre y aleaciones brutas	7 994
Aceites y grasas animales y vegetales	860	Té	2 388
Productos químicos	3 100		
Productos y artículos manufacturados	16 830		
Maquinaria y material de transporte	14 847		
Total	40 854	Total	62 713
Principales proveedores		*Principales clientes*	
Reino Unido	15 679	Estados Unidos	14 092
Japón	4 157	Reino Unido	10 697
República Federal Alemana	3 812	UEBL	7 017
India	1 946	China	6 237
Estados Unidos	1 937	India	3 477
Italia	1 636	Canadá	2 165
Francia	1 575		

Tercer mundo: África

ZAMBIA

752 600 km²; 3.8 M de hab (75 000 europeos) (+ 2.9% por año); 5 hab por km².

Capital: Lusaka, 100 000 hab.

Ciudades principales: Ndola, 95 000 hab; Livingstone, 35 000.

Moneda nacional: libra = 2.8 dólares.

PIB 1965: 320 M de libras (por hab: aprox. 220 dólares). Agricultura: 10%; minas: 42%; industrias manufactureras: 7%; tasa de crecimiento anual 1958-65: 6.1%.

Total de gastos del presupuesto 1964: 55 M de libras.

Consumo 1964 por hab: energía: 431 kg; acero: 3 kg.

Producciones notables: café, tabaco; ganado bovino: 1.3 M de cabezas; mineral de cobre: 630 000 t (4o lugar mundial), de manganeso, de cobalto: 1 400 t (5o lugar mundial); de plomo, zinc, etc., problema de salida al mar: primero por Beira (Mozambique), actualmente por Tanzania.

Comercio exterior 1965

Importaciones FOB	*M de libras*	*Exportaciones* FOB	*M de libras*
Alimentos, bebidas y tabaco	10	Cobre bruto y semibruto	172
Productos brutos, carbón, productos petroleros	7	Otros metales no ferrosos	8
Energía eléctrica	5	Tabaco en bruto	2
Productos químicos	10		
Productos manufacturados	25		
Maquinaria y material de transporte	35		
Artículos manufacturados diversos	13		
Total	105	Total	188
Principales proveedores		*Principales clientes*	
Rodesia	36	Reino Unido	72
Reino Unido	21	República Federal Alemana	25
Sudáfrica	21	Japón	23
Estados Unidos	7	Italia	16
Japón	4	Francia	14
República Federal Alemana	3	Sudáfrica	13

Tercer mundo: América Latina

ARGENTINA

2 777 000 km²; 22.7 M de hab (+ 1.6% por año); 8.1 hab por km².
Capital: Buenos Aires, 3 M de hab (aglomeración: 7 M).
Ciudades principales: Rosario, 680 000; Córdoba, 650 000; La Plata, 400 000.
Moneda nacional: peso, 1965 = 0.006 dólar (1 dólar = aprox. 170 pesos); peso, 1967 = 0.00286 dólar (1 dólar = 350 pesos).
PIB 1965: aprox. 3 260 000 M de pesos (por hab: 845 dólares). Agricultura: 16%; todas las industrias: 37%; tasa de crecimiento anual 1958-65: 3.2%.
Total de gastos del presupuesto 1965: 387 000 M de pesos.
Consumo 1964 por hab: energía: 1 242 kg; acero: 93 kg.
Producciones notables: trigo: 10 M de t; maíz: 5.2 M de t; linaza: 800 000 t (1er. lugar mundial); vino: 20 M de hl; ganado bovino: 43 M de cabezas (4o. lugar mundial); ovino 45 M de t (4o. lugar mundial); porcino: 3.5 M de cabezas; lana: 190 000 t; petróleo: 14 M de t; gas natural: 3 700 M de m³; acero: 1.3 M de t; cemento: 3 M de t; industrias alimenticias, textiles.

Comercio exterior 1965

Importaciones CIF	*M de dólares*	*Exportaciones* FOB	*M de dólares*
Alimentos, bebidas y tabaco	73	Cereales (trigo, maíz)	582
Productos brutos	183	Carnes frescas o congeladas	272
Carbón, productos petroleros	115	Lanas	117
Productos químicos	130	Preparaciones de carnes	53
Productos manufacturados	347	Pieles sin curtir	48
Maquinaria y material de transporte	301	Aceite de linaza	47
Artículos manufacturados diversos	40		
Total	1 199	Total	1 493
Principales proveedores		*Principales clientes*	
Estados Unidos	273	Italia	239
Brasil	162	Países Bajos	161
República Federal Alemana	110	Reino Unido	153
Italia	80	Brasil	107
Reino Unido	73	República Federal Alemana	99
Francia	46	Estados Unidos	95
Japón	44	Unión Soviética	87

Tercer mundo: América Latina

BOLIVIA

1 098 500 km²; 3 750 000 hab (+ 1.4% por año); 3.4 hab por km².
Capital: Sucre, 70 000 hab.
Ciudades principales: La Paz, 370 000 hab.
Moneda nacional: peso = 0.084 dólar.
PIB 1965: 7 230 M de pesos (por hab: 165 dólares).
Agricultura: 23%; minas: 16%; industrias: 12%; tasa de crecimiento anual 1958-65: 4.5% aprox.
Total de gastos del presupuesto 1964: 2 460 M de pesos.
Consumo 1964 por hab: energía: 173 kg.
Producciones notables: ganado bovino: 2.8 M de cabezas; ovino: 7.5 M de t; mineral de antimonio: 9 700 t (3er. lugar mundial); concentrados de estaño: 25 000 t (2o. o 3er. lugar mundial); concentrados de tungsteno: 1 400 t; mineral de plata, plomo, cobre.

Comercio exterior 1965

Importaciones CIF	*M de dólares*	*Exportaciones a los precios internacionales*	*M de dólares*
		Mineral de estaño (los 5/6), estaño	90
(Cifras incompletas y sin significado)		Mineral de plomo	5
		Plata	5
		Mineral de zinc	4
		Wolframita	2
Harina de trigo	11	Otros minerales	—
Total	126	Total	129
Principales proveedores		*Principales clientes*	
Estados Unidos	59	Reino Unido	59
Japón	17	Estados Unidos	56
República Federal Alemana	15	República Federal Alemana	7
Argentina	7		
Reino Unido	7		

Tercer mundo: América Latina

BRASIL

8 512 000 km²; 85 M de hab (+3.0% por año); 10 hab por km²

Capital: Brasilia, 250 000 hab.

Ciudades principales: Río de Janeiro, 3.7 M de hab; São Paulo, 3.5 M; Recife, 900 000; Belo Horizonte, 800 000.

Moneda nacional: cruceiro = 0.0005 dólares (1965). A principos de 1958: un cruceiro nuevo = 31.25 dólares.

PIB 1965: aprox. 31 000 000 M de cruceiros (por hab: 210 dólares). Agricultura: 29%; todas las industrias: 28%; tasa de crecimiento anual 1958-65: 4.5%.

Total de gastos del presupuesto 1965: (gobierno federal y estados): 5 270 000 M de cruceiros.

Consumo 1964 por hab: energía: 364 kg; acero: 43 kg.

Producciones notables: café: 1.6 M de t (1er. lugar mundial); arroz: 6 M de t; algodón: 600 000 t; cacahuate: 600 000 t; cacao: 150 000 t; maíz: 10 M de t; azúcar: 3.4 M de t; ganado bovino: 80 M de cabezas; porcino: 55 M; ovino: 21 M; maderas; mineral de hierro: 10 M de t; de manganeso: 600 000 t; acero: 3 M de t; industrias textiles (algodón) y otras.

Comercio exterior 1965

Importaciones CIF	*M de dólares*	*Exportaciones* FOB	*M de dólares*
Alimentos	203	Café	707
Productos brutos	43	Minerales de hierro y concentrados	103
Carbón, productos petroleros	225	Algodón bruto	96
Productos químicos	174	Maderas	63
Productos manufacturados	156	Azúcar en bruto	57
Maquinaria y material de transporte	244	Hierro y acero	44
Artículos manufacturados diversos	33	Cacao	41
		Aceites vegetales	35
		Minerales no ferrosos	34
Total	1 096	Total	1 595
Principales proveedores		*Principales clientes*	
Estados Unidos	325	Estados Unidos	520
Argentina	132	República Federal Alemana	141
República Federal Alemana	96	Argentina	141
Venezuela	82	Italia	85
Japón	37	Países Bajos	81
Unión Soviética	35	Reino Unido	62
Francia	33	Francia	56

Tercer mundo: América Latina

COLOMBIA

1 138 000 km²; 18.6 M de hab (+ 3.2% por año); 16.3 hab por km².
Capital: Bogotá, 1 750 000 hab.
Ciudades principales: Cali, 830 000 hab; Medellín, 800 000 hab; Barranquilla, 540 000 hab.
Moneda nacional: peso = 0.111 dólar (cotización oficial).
PIB 1965: aprox. 59 000 M de pesos (por hab: 280 dólares). Agricultura: 32%; todas las industrias: 22%; tasa de crecimiento anual 1958-65: 4.5%.
Total de gastos del presupuesto 1965: 4 600 M de pesos.
Consumo 1964 por hab: energía: 494 kg; acero: 31 kg.
Producciones notables: café: 480 000 t (2o. lugar mundial); ganado bovino: 16 M de cabezas; maíz: 1.1 M de t; tabaco: 43 000 t; plátano, algodón; azúcar: 400 000 t; petróleo: 8.5 M de t; oro: 11 000 kg; acero: 200 000 t; cemento: 2 M de t.

Comercio exterior 1965

Importaciones CIF	*M de dólares*	*Exportaciones* FOB	*M de dólares*
Alimentos, bebidas y tabaco	26	Café	344
Productos brutos	38	Petróleo bruto	88
Productos químicos	72	Plátano	19
Productos manufacturados	70	Productos petroleros refinados	8
Maquinaria y material de transporte	206	Algodón bruto	8
Artículos manufacturados diversos	12		
Total	454	Total	539
Principales proveedores		*Principales clientes*	
Estados Unidos	212	Estados Unidos	252
República Federal Alemana	52	República Federal Alemana	63
Reino Unido	23	Países Bajos	29
Canadá	19	Trinidad	28
Japón	16	España	25
Suecia	13	Reino Unido	21

Tercer mundo: América Latina

CHILE

742 000 km²; 8 800 000 hab (+ 2.3% por año); 12 hab por km².
Capital: Santiago, 2 400 000 hab (aglomeración).
Ciudades principales: Valparaíso, 300 000 hab; Concepción, 180 000; Viña del Mar, 150 000; Temuco, 130 000.
Moneda nacional: escudo = 0.32 dólar.
PIB 1965: 20 800 M de escudos (por hab: 650 dólares). Agricultura: 10%; minas: 8%; industrias: 18%; tasa de crecimiento anual 1958-65: 4.1%.
Total de gastos del presupuesto 1965: 3 860 M de escudos.
Consumo 1964 por hab: energía: 1 078 kg; acero: 74 kg.
Producciones notables: vino: 5 M de hl; pescado: 1 M de t; ganado ovino: 6.5 M de cabezas; mineral de cobre: 800 000 t (2o. lugar mundial); mineral de hierro: 7 M de t; molibdeno: 3 800 t (3er. lugar mundial); acero: 500 000 t; cemento: 1.2 M de t.

Comercio exterior 1963, 1964, 1965

Importaciones CIF *1963*	*M de pesos* [1]	*Exportaciones* FOB *1964*	*M de pesos* [1]
Alimentos, bebidas y tabaco	617	Cobre en lingotes, barras	1 847
Productos brutos	277	Mineral de hierro	338
Carbón, productos petroleros	152	Minerales y concentrados diversos	222
Productos químicos	384	Nitratos	134
Productos manufacturados	360	Hilos de cobre	90
Maquinaria y material de transporte	1 076	Alimentos de pescado	77
Artículos manufacturados diversos	166		
Total	3 094	Total	3 038
Principales proveedores 1965		*Principales clientes 1965*	
Estados Unidos	1 151	Estados Unidos	1 034
República Federal Alemana	309	República Federal Alemana	440
Argentina	248	Reino Unido	375
Reino Unido	186	Japón	360
Perú	116	Países Bajos	351
Total	2 930	Total	3 339

[1] Paridad = 6 onzas de oro

Tercer mundo: América Latina

ECUADOR

283 500 km²; 5 250 000 hab (+3.2% por año); 18.5 hab por km².
Capital: Quito, 380 000 hab.
Ciudad principal: Guayaquil, 530 000 hab.
Moneda nacional: sucre = 0.055 dólar.
PIB 1965: 20 800 M de sucres (por hab: 220 dólares).
Agricultura: 34%; todas las industrias: 21%; tasa de crecimiento anual 1958-65: 4.3%.
Total de gastos del presupuesto 1965: 3 450 M de sucres.
Consumo 1964 por hab: energía: 195 kg.
Producciones notables: plátano: 2.2 M de t; café: 50 000 t; cacao: 50 000 t; arroz: 180 000 t; papa: 325 000 t; azúcar: 160 000 t; oro: 600 kg; petróleo: 375 000 t; cemento: 300 000 t.

Comercio exterior 1964

Importaciones FOB	*M de dólares*	*Exportaciones* FOB	*M de dólares*
Alimentos, bebidas y tabaco	16	Plátano	84
Productos petroleros	8	Café	37
Productos químicos	20	Azúcar	7
Productos manufacturados	40		
Maquinaria y material de transporte	47		
Artículos manufacturados diversos	7		
Total	148	Total	143
Principales proveedores		*Principales clientes*	
Estados Unidos	69	Estados Unidos	66
República Federal Alemana	17	República Federal Alemana	21
UEBL	9	Japón	9
Reino Unido	8	UEBL	6
Japón	6	Colombia	6
Canadá	5	Países Bajos	5

Tercer mundo: América Latina

GUATEMALA

109 000 km²; 4 600 000 hab (+ 3.2% por año); 42 hab por km².
Capital: Guatemala, 450 000 hab.
Ciudades principales: Quetzaltenango, 50 000 hab; Puerto Barrios: 30 000 hab.
Moneda nacional: quetzal = 1 dólar.
PIB 1965: 1 430 M de quetzales (por hab: 322 dólares). Agricultura: 28%; todas las industrias: 16%; tasa de crecimiento anual 1958-65: 5.8%.
Total de gastos del presupuesto 1964: 107 M de quetzales.
Consumo 1964 por hab: energía: 175 kg.
Producciones notables: plátano: 22 M de t (United Fruit); café: 100 000 t; maíz: 575 000 t; algodón: 70 000 t; semilla de algodón: 110 000 t; azúcar: 150 000 t; cemento: 180 000 t.

Comercio exterior 1965

Importaciones CIF	*M de quetzales*	*Exportaciones* FOB	*M de quetzales*
Alimentos, bebidas y tabaco	23	Café	92
Productos petroleros	16	Algodón en bruto	34
Productos químicos	39	Carnes	5
Productos manufacturados	61	Azúcar	5
Maquinaria y material de transporte	66	Artículos textiles	5
Artículos manufacturados diversos	19	Plátano	4
Total	229	Total	187

Principales proveedores		*Principales clientes*	
Estados Unidos	97	Estados Unidos	68
El Salvador	22	República Federal Alemana	25
República Federal Alemana	22	Japón	21
Japón	15	El Salvador	20
Reino Unido	11	Honduras	10
Venezuela	7		

Tercer mundo: América Latina

HAITÍ

27 750 km^2; 4 800 000 hab (+ 2.3% por año); 173 hab por km^2.
Capital: Puerto Príncipe, 270 000 hab (aglomeración: 470 000).
Moneda nacional: gourde = 0.2 dólar.
PIB 1964: 1 910 M de gourdes (por hab: 84 dólares).
Gran preponderancia de la agricultura; tasa de crecimiento anual 1958-65: 2% aprox.
Total de gastos del presupuesto 1964: 155 M de gourdes.
Consumo 1964 por hab: energía: 32 kg.
Producciones notables: café: 35 000 t; sisal: 25 000 t; cacao: 2 500 t; algodón, maderas, plátano (United Fruit); azúcar: 70 000 t; ganado bovino: 650 000 cabezas; caprino: 900 000 cabezas; bauxita: 450 000 t; cobre, sal.

Comercio exterior 1957, 1958 [1]

Importaciones CIF *1957*	*M de gourdes*	*Exportaciones* FOB *1958*	*M de gourdes*
Harina de trigo	25	Café	157
Artículos de algodón	29	Sisal	28
Productos petroleros	11	Cacao	7
Automóviles	8	Azúcar	4
(estadísticas insuficientemente significativas)			
Total	191	Total	211
Principales proveedores 1957		*Principales clientes 1958*	
Estados Unidos	119	Estados Unidos	104
Canadá	11	UEBL	38
Curaçao	9	Italia	37
República Federal Alemana	8	Francia	8
Reino Unido	7	Países Bajos	7

[1] No hay datos más recientes.

Tercer mundo: América Latina

MÉXICO

1 972 500 km²; 42.5 M de hab (+ 3.3% por año); 21.5 hab por km².
Capital: México, 3.5 M de hab.
Ciudades principales: Guadalajara, 1.05 M de hab; Monterrey, 850 000. Otras seis ciudades de más de 100 000 hab.
Moneda nacional: peso = 0.08 dólar.
PIB 1965: 245 000 M de pesos (por hab: 460 dólares).
Agricultura: 17%; todas las industrias: 32%; tasa de crecimiento anual 1958-65: 5.6% aprox.
Total de gastos del presupuesto 1965: 17 400 M de pesos.
Consumo 1964 por hab: energía: 1 029 kg; acero: 63 kg.
Producciones notables. maíz: 8.5 M de t; tabaco: 70 000 t; algodón: 550 000 t; café: 150 000 t; azúcar: 1.9 M de t; ganado bovino: 30 M de cabezas; plata: 1 300 t (1er. lugar mundial); petróleo: 16.5 M de t; gas natural: 14 000 M de m³; mineral de hierro: 1.5 M de t; mineral de antimonio: 4 800 t (5o. lugar mundial); de plomo: 170 000 t; de zinc: 240 000 t; de cobre, oro, manganeso, mercurio, estaño; acero: 2.4 m t; cemento: 4.5 M de t; industrias diversas.

Comercio exterior 1965

Importaciones CIF	*M de pesos*	*Exportaciones* FOB	*M de pesos*
Alimentos, bebidas y tabaco	875	Algodón bruto	2 652
Productos brutos	1 826	Maíz	965
Energía	471	Plata, cobre, plomo, zinc en bruto	950
Productos químicos	3 124	Café	937
Productos manufacturados	2 330	Azúcar en bruto	732
Maquinaria y material de transporte	9 675	Legumbres frescas y secas	582
		Pescados frescos	580
Artículos manufacturados diversos	1 062	Minerales y concentrados no ferrosos	545
		Trigo	521
Total	19 496	Total	14 280
Principales proveedores		*Principales clientes*	
Estados Unidos	12 815	Estados Unidos	8 013
República Federal Alemana	1 526	Japón	1 015
Reino Unido	670	Polonia	725
Francia	606	República Federal Alemana	436
Italia	556	Suiza	337
Japón	489	RAU	256

Tercer mundo: América Latina

PERÚ

1 285 000 km^2; 12 M de hab (+ 3.0% por año); 9.3 hab por km^2.
Capital: Lima, 1.8 M de hab.
Ciudades principales: El Callao, 210 000 hab; Arequipa: 200 000 hab.
Moneda nacional: sol = 0.038 dólar.
PIB 1965: aprox. 116 000 M de soles (por hab: 370 dólares).
Agricultura: 20%; minas: 7%; industrias: 18%; tasa de crecimiento anual 1958-65: 6.4%.
Total de gastos del presupuesto 1964: 17 400 M de soles.
Consumo 1964 por hab: energía: 602 kg; acero: 24 kg.
Producciones notables: pescado: 9 M de t (pesca industrial para harina de pescado) (1er. lugar mundial); algodón: 160 000 t; azúcar: 780 000 t; mineral de hierro: 4.3 M de t; cobre: 180 000 t; plomo: 150 000 t; plata: 1 150 t; zinc: 200 000 t; antimonio, oro, mercurio, molibdeno, tungsteno.

Comercio exterior 1963, 1965

Importaciones CIF *1963*	*M de soles*	*Exportaciones* FOB *1963*	*M de soles*
Alimentos, bebidas y tabaco	2 437	Metales no ferrosos	3 198
Productos brutos	474	Alimentos para ganado (harina de pescado)	2 866
Carbón, productos petroleros	463	Fibras textiles	2 779
Productos químicos	1 504	Minerales metálicos	2 048
Productos manufacturados	2 893	Azúcar	1 738
Maquinaria y material de transporte	6 325		
Artículos manufacturados diversos	746		
Total	14 833	Total	14 508

Principales proveedores 1965		*Principales clientes 1965*	
Estados Unidos	7 780	Estados Unidos	6 055
República Federal Alemana	2 291	República Federal Alemana	2 246
Japón	1 397	Japón	1 644
Argentina	1 320	Países Bajos	1 631
Reino Unido	1 017	Reino Unido	1 038
		UEBL	895
Total	19 562	Total	17 897

Tercer mundo: América Latina

REPÚBLICA DOMINICANA

48 700 km²; 3 730 000 hab (+ 3.5% por año); 76.5 hab por km².
Capital: Santo Domingo, 400 000 habitantes.
Moneda nacional: peso = 1 dólar.
PIB 1964: 1 085 M de pesos (por hab: 310 dólares).
Agricultura: 24%; todas las industrias: 18%, tasa de crecimiento anual 1958-64: 5.2%.
Total de gastos del presupuesto 1964: 196 M de pesos.
Consumo 1964 por hab: energía: 209 kg.
Producciones notables: azúcar: 850 000 t; cacao: 40 000 t; café: 40 000 t; cacahuate: 50 000 t; maíz: 100 000 t; arroz: 150 000 t; tabaco: 30 000 t; plátano: 20 M de t; bauxita: 800 000 t; cemento: 300 000 t; conservas alimenticias.

Comercio exterior 1964

Importaciones CIF	*M de pesos*	*Exportaciones* FOB	*M de pesos*
		Azúcar	86
		Café	30
		Tabaco	15
(Faltan datos significativos)		Cacao	12
		Bauxita	9
		Plátano	5
Total	192	Total	178
Principales proveedores		*Principales clientes*	
Estados Unidos	102	Estados Unidos	118
República Federal Alemana	13	Reino Unido	11
Japón	12	Italia	9
Reino Unido	9	República Federal Alemana	5
Países Bajos	8		
Canadá	8		

Tercer mundo: América Latina

URUGUAY

187 000 km^2; 2 800 000 hab (+ 1.4% por año); 14.6 hab por km^2.
Capital: Montevideo, 1 250 000 hab.
Ciudades principales: Paysandú, Salto, 55 000 hab.
Moneda nacional: peso = 0.017 dólar (finales de 1965).
(finales de 1967: 1 dólar = 200 pesos).
PIB 1965: aprox. 110 000 M de pesos (por hab: 600 dólares).
Agricultura: 15%; todas las industrias: 24%; tasa de crecimiento anual 1958-65: aprox. 0%.
Deuda exterior corriente 1965: aprox. 450 M de dólares.
Consumo 1965 por hab: energía: 830 kg; acero: 31 kg.
Producciones notables: ganado bovino: 9.3 M de cabezas; ovino: 22 M de cabezas; carne: 350 000 t; lana: 85 000 t; linaza: 75 000 t; girasol, cacahuate; trigo: 600 000 t; papa; arroz; energía eléctrica, potencia instalada: 460 000 kw; industrias alimenticias, cueros y pieles.

Comercio exterior 1965

Importaciones CIF	*M de dólares*	*Exportaciones* FOB	*M de dólares*
		Lana en bruto	62
		Lanas lavadas	8
		Hilados de lana	21
		Carne de res	44
(Faltan datos significativos)		Carne de cordero	7
		Extracto de carne	5
		Pieles en bruto	5
		Trigo	5
Total	151	Total	191
Principales proveedores		*Principales clientes*	
Estados Unidos	20	Estados Unidos	32
República Federal Alemana	18	Reino Unido	31
Reino Unido	15	Países Bajos	18
Brasil	13	República Federal Alemana	16
Venezuela	13	España	15
Argentina	9	Italia	14

Tercer mundo: América Latina

VENEZUELA

912 000 km²; 9.1 M de hab (+ 3.4% por año); 10 hab por km².
Capital: Caracas, 1.7 M de hab.
Ciudades principales: Maracaibo, 490 000 hab; Barquisimeto: 230 000; San Cristóbal, 125 000; Ciudad Guayana, 100 000 (en rápido crecimiento).
Moneda nacional: bolívar = 0.222 dólares.
PIB 1965: 38 000 M de bolívares (por hab: aprox. 950 dólares). Agricultura: 8%, extracción y refinación de petróleo: 28%; industria: 12%; tasa de crecimiento anual 1958-65: 5.3%.
Total de gastos del presupuesto 1965: 7 000 M de bolívares.
Inversiones norteamericanas directas: más de 3 000 M de dólares.
Consumo 1964 por hab: energía: 3 000 kg; acero: 119 kg.
Producciones notables: petróleo: 180 M de t (3er. lugar mundial, 1er. exportador); gas natural: 6 300 M de m³; mineral de hierro: 11 M de t; oro: 1 050 kg; diamantes, manganeso, níquel; refinación de petróleo: aprox. 60 M de t; acero: 700 000 t; energía eléctrica, potencia instalada: más de 2 M de kw; metalurgia de transformación, industrias textiles y alimenticias.

Comercio exterior 1965

Importaciones CIF	*M de bolívares*	*Exportaciones* FOB	*M de bolívares*
Alimentos, bebidas y tabaco	607	Petróleo en bruto	7 862
Productos brutos	258	Productos petroleros refinados	3 367
Productos manufacturados	541		
Productos químicos	1 224	Minerales de hierro	606
Maquinaria y material de transporte	2 383		
Artículos manufacturados diversos	445		
Total	5 590	Total	12 076
Principales proveedores		*Principales clientes*	
Estados Unidos	2 885	Estados Unidos	4 515
República Federal Alemana	485	Antillas Holandesas	2 874
Canadá	360	Canadá	1 153
Reino Unido	333	Reino Unido	962
Japón	297	Trinidad	642
Italia	288		

Tercer mundo: Asia

ARABIA SAUDITA

2 253 000 km^2; 6.9 M de hab (+ 1.7% por año); 3.7 hab por km^2.
Capital: Riyad, 325 000 hab.
Ciudades principales: Djeddah (puerto), 240 000 hab; La Meca, 220 000, y Medina, 60 000 (ciudades santas).
Moneda nacional: riyal = 0.22 dólar.
PIB 1965: aprox. 3 980 M de riyales (por hab: aprox. 130 dólares).
Consumo 1964 por hab: energía: 320 kg; acero: 23 kg.
Producciones notables: petróleo: 110 M de t (con excepción del petróleo, economía extremamente pobre. Escasas producciones de café, algodón, cereales; dátiles, ovinos y camellos; productos petroleros refinados: 1/6 aprox. del crudo extraído).

Comercio exterior 1965 (12-V-64/30-IV-65)

Importaciones	*M de riyales*	*Exportaciones*	*M de riyales*
Alimentos, animales, bebidas y tabaco	296	Petróleo crudo	5 002
Productos brutos, químicos y manufacturados	411	Productos petroleros refinados	949
Maquinaria y aparatos eléctricos	193		
Automóviles	247		
Artículos manufacturados diversos	35		
Total	1 575	Total	5 968

Principales proveedores		*Principales clientes*	
Estados Unidos	337	Japón	1 196
Reino Unido	147	Italia	722
Japón	125	Estados Unidos	460
Líbano	114	Bahrein	435
República Federal Alemana	102	República Federal Alemana	315
Italia	98	Francia	274

Tercer mundo: Asia

BIRMANIA

678 000 km²; 25.5 M de hab (+ 2.9% por año); 37.5 hab por km².
Capital: Rangún, aprox. 1 M de hab.
Ciudades principales: Mandalay, aprox. 250 000 hab; Mulmein, aprox. 130 000 hab.
Moneda nacional: kyat = 0.21 dólar.
IN 1964: 6 590 M de kyats.
PIB 1964: 7 700 M de kyats (por hab: aprox. 65 dólares). Agricultura: 33%; todas las industrias: 16%; tasa de crecimiento anual 1958-64: 4.5%.
Total de gastos del presupuesto 1964: 1 150 M de kyats; 1966: 1 647 M de kyats.
Consumo 1964 por hab: energía: 59 kg.
Producciones notables: arroz: 7.6 M de t; cacahuate: 375 000 t; caucho, sésamo, tabaco, mijo, madera; pescado: 360 000 t; concentrados de tungsteno: 350 t; producción de teca en descenso; concentrados de estaño: 900 t; petróleo: 560 000 t.

Comercio exterior 1964

Importaciones CIF	*M de kyats*	*Exportaciones* FOB	*M de kyats*
Alimentos, bebidas y tabaco	118	Arroz	726
Productos brutos	70	Torta de residuos	59
Carbón, productos petroleros	53	Algodón bruto	26
Aceites y grasas animales y vegetales	216	Caucho natural	15
		Plata	9
Productos químicos	106		
Productos manufacturados	450		
Maquinaria y material de transporte	235		
Artículos manufacturados diversos	44		
Total	1 293	Total	1 123
Principales proveedores		*Principales clientes*	
Japón	221	Indonesia	158
China	151	Ceilán	126
Reino Unido	123	Reino Unido	100
Estados Unidos	122	India	88
Países Bajos	77	China	80
Paquistán	77	Unión Soviética	79

Tercer mundo: Asia

CAMBODIA

181 000 km²; 6 500 000 hab (+ 3.2% por año); 36 hab por km².

Capital: Pnom-Penh, 470 000 hab.

Ciudades principales: Battambang, 45 000 hab: Sihanoukville (puerto), 25 000 (en desarrollo).

Moneda nacional: riel = 0.029 dólar.

PIB 1963: 25 500 M de rieles (por hab: aprox. 120 dólares). Agricultura: 41%; todas las industrias: 12%; tasa de crecimiento anual 1958-63: aprox. 5%.

Consumo 1964 por hab: energía: 40 kg.

Producciones notables: arroz: 2.6 M de t; maíz: 220 000 t; cacahuate, caucho, tabaco, morera, pimienta, madera de teca; pescado: 160 000 t.

Comercio exterior 1965

Importaciones CIF	*M de rieles*	*Exportaciones* FOB	*M de rieles*
Alimentos, bebidas y tabaco	205	Arroz	1 817
Carbón, productos petroleros	262	Caucho	1 228
Productos químicos	444	Maíz	178
Productos manufacturados	1 503	Semillas oleaginosas	111
Maquinaria y material de transporte	929	Pimienta y otras especias	70
Artículos manufacturados diversos	187		
Total	3 603	Total	3 690
Principales proveedores		*Principales clientes*	
Francia	723	Francia	709
Japón	611	Singapur	541
China	492	Estados de la antigua África Oriental Francesa	479
Reino Unido	183	Hong-Kong	277
Checoslovaquia	181	China	228
República Federal Alemana	157	Filipinas	199

Tercer mundo: Asia

CEILÁN

65 600 km²; 11 500 000 hab (+ 2.6% por año); 175 hab por km².

Capital: Colombo: 550 000 hab.

Ciudades principales: Jaffna, 100 000 hab; Kandy, 80 000 hab; Galle, 75 000 hab.

Moneda nacional: rupia = 0.209 dólar (= 0.168 dólar desde noviembre de 1967).

IN 1964: 6 600 M de rupias.

PIB 1964: 7 300 M de rupias (por hab: 138 dólares). Agricultura: 46%; todas las industrias: 7%; tasa de crecimiento anual 1958-64: 3.4%.

Total de gastos del presupuesto 1964: 1 880 M de rupias; 1966: 2 234 M de rupias.

Consumo 1964 por hab: energía: 98 kg; acero: 7 kg.

Producciones notables: té: 220 000 t (2o. lugar mundial); caucho: 110 000 t (4o. lugar mundial); arroz: 1.05 M de t (insuficiente para la población); coco, cacao, tabaco, canela, grafito, caolín, piedras preciosas.

Comercio exterior 1965

Importaciones CIF	*M de rupias*	*Exportaciones* FOB	*M de rupias*
Alimentos y animales vivos	597	Té	1 210
Productos brutos	43	Caucho	304
Carbón, productos petroleros	120	Copra (aceite de)	142
Productos químicos	153	Coco	82
Productos manufacturados	335	Fibras duras	50
Maquinaria y material de transporte	177	Copra	49
Artículos manufacturados diversos	34	Especias	33
Total	1 474	Total	1 916

Principales proveedores		*Principales clientes*	
Reino Unido	264	Reino Unido	505
India	134	China	172
China	114	Estados Unidos	146
Japón	111	Australia	100
Unión Soviética	100	Unión Soviética	97
Australia	94	Sudáfrica	92
Birmania	74		

Tercer mundo: Asia

COREA DEL SUR

98 500 km^2; 28.5 M de hab (+ 2.8% por año); 290 hab por km^2.

Capital: Seúl, 3 100 000 hab.

Ciudades principales: Pusán, 1 350 000 hab; Taegu, 750 000 hab.

Moneda nacional: won = 0.0037 dólar.

PIB 1965: 760 000 M de wones (por hab: aprox. 100 dólares). Agricultura: 41%, todas las industrias: 21%, tasa de crecimiento anual 1958-65: 6%.

Total de gastos del presupuesto 1965: 96 000 M de wones.

Consumo 1964 por hab: energía: 410 kg.

Producciones notables: arroz: 4 M de t; cebada: 900 000 t; trigo; pescado: 500 000 t; hulla: 9.5 M de t; molibdeno: 120 t; tungsteno: 3 600 t (4o. lugar mundial); comienzos de industrialización.

Comercio exterior 1965

Importaciones CIF	*M de dólares*	*Exportaciones* FOB	*M de dólares*
Alimentos	64	Artículos textiles	26
Productos brutos	110	Vestuario	21
Carbón, productos petroleros	31	Minerales metálicos	18
Productos químicos	103	Productos de madera	18
Productos manufacturados	71	Hierro y acero	13
Maquinaria y material de transporte	60	Artículos manufacturados diversos	9
Artículos manufacturados diversos	7	Pescado	7
Total	450	Total	175
Principales proveedores		*Principales clientes*	
Estados Unidos	182	Estados Unidos	62
Japón	167	Japón	44
República Federal Alemana	16	Vietnam del Sur	15
Filipinas	11	Hong-Kong	11
Taiwán	10		

Tercer mundo: Asia

FEDERACIÓN MALAYA [1]

131 300 km^2; 8.3 M de hab, de los cuales el 38% son chinos (+ 3.1% por año); 64 hab por km^2.

Capital: Kuala Lumpur, 500 000 hab.

Ciudades principales: George Town, 250 000 hab; Ipoh, 140 000 hab.

Moneda nacional: dólar malayo = 0.326 dólares (devaluación en noviembre de 1967).

PIB 1965: 7 230 M de dólares malayos (por hab: 290 dólares). Agricultura: 31%; minas: 9%; industrias: 9%; tasa de crecimiento anual 1958-65: aprox. 5.5%.

Total de gastos del presupuesto 1965: aprox. 1 600 M de dólares malayos.

Consumo 1964 por hab: energía: 339 kg; acero: 43 kg.

Producciones notables: caucho: 830 000 t (1er. lugar mundial); aceite de palma: 120 000 t; madera, coco, piña; concentrados de estaño: 61 000 t (1er. lugar mundial); minerales de hierro: 4 M de t; bauxita: 470 000 t.

Comercio exterior 1965

Importaciones CIF	*M de dólares malayos*	*Exportaciones* FOB	*M de dólares malayos*
Alimentos, bebidas, tabacos	675	Caucho	1 369
Productos brutos	229	Estaño y aleaciones	865
Petróleo y derivados	174	Minerales de hierro	161
Productos químicos	217	Aceite de palma	106
Productos manufacturados	510	Maderas	92
Maquinaria y material de transporte	580		
Artículos manufacturados diversos	156		
Total	2 608	Total	3 103
Principales proveedores		*Principales clientes*	
Reino Unido	532	Singapur	650
Japón	300	Estados Unidos	548
Tailandia	275	Japón	394
Singapur	274	Reino Unido	251
China	174	Unión Soviética	226
Australia	160	República Federal Alemana	107
		Italia	102

1. La información se refiere más a Malasia que a la Federación.

Tercer mundo: Asia

FILIPINAS

300 000 km^2; 33.5 M de hab (+ 3.3% por año); 111 hab por km^2.

Capital: Quezón, 450 000 hab.

Ciudades principales: Manila, 1.25 M; Cebú, 280 000; Davao, 260 000; Iloilo, 170 000.

Moneda nacional: peso = 0.256 dólar.

PIB 1965: 20 400 M de pesos (por hab: 160 dólares). Agricultura: 34%; todas las industrias: 20%; tasa de crecimiento anual 1958-65: 4.5%.

Total de gastos del presupuesto 1965: 2 035 M de pesos.

Consumo 1964 por hab: energía: 203 kg; acero: 22 kg.

Producciones notables: arroz: 4 M de t; maíz: 1.3 M de t; copra: 1 M de t; tabaco: 55 000 t; abacá: 100 000 t; azúcar: 1.7 M de t; madera: 7 M de m^3; pescado: 650 000 t; mineral de cromo: 160 000 t (4o. lugar mundial); mineral de hierro: 800 000 t; de cobre: 60 000 t; oro: 13 000 kg (8o. lugar mundial); plata, mercurio, molibdeno, industrias alimenticias y textiles.

Comercio exterior 1965

Importaciones FOB	*M de dólares*	*Exportaciones* FOB	*M de dólares*
Alimentos, bebidas, tabaco	167	Copra	170
Productos brutos	36	Azúcar	156
Petróleo y derivados	73	Madera	154
Productos químicos	76	Minerales metálicos	79
Productos manufacturados aprox.	200	Aceite de copra	67
Maquinaria y material de transporte	262	Frutas y legumbres	35
Artículos manufacturados diversos	22	Productos de la madera	27
Total	835	Total	794
Principales proveedores		*Principales clientes*	
Estados Unidos	292	Estados Unidos	381
Japón	201	Japón	208
República Federal Alemana	37	Países Bajos	77
Reino Unido	33	República Federal Alemana	30
Birmania	30	Taiwán	12
Canadá	26	Suecia	11

Tercer mundo: Asia

INDIA

3 046 000 km²; 1967: aprox. 500 M de hab (+ 2.3% por año); 164 hab por km².

Capital: Nueva Delhi: 325 000 hab.

Ciudades principales: Calcuta: 4 900 000 hab; Bombay: 4 800 000 hab; Delhi: 2 800 000 hab; Madrás: 2 M de hab; Bangalore, 1 405 000 hab; Ahmedabad, 1 430 000.

Moneda nacional: rupia = 0.209 dólar = 0.0747 libras esterlinas.

PIB 1965: aprox. 220 000 M de rupias (por hab: aprox. 90 dólares). Agricultura: 50%; todas las industrias y construcciones: 18%; tasa de crecimiento anual 1958-65: aprox. 3.8%.

Total de gastos del presupuesto 1965: (Unión y estados): 59 300 M de rupias.

Consumo 1964 por hab: energía: 161 kg; acero: 16 kg.

Producciones notables: té: 370 000 t (1er. lugar mundial); cacahuate: 6 M de t; arroz: 58 M de t (2o. lugar mundial); tabaco: 350 000 t; algodón: 1.1 M de t (3er. lugar mundial); azúcar: 2.8 M de t; yute, pimienta, cáñamo, lino, sésamo; hulla: 63 M de t; minerales de hierro: 12.5 M de t; minerales de manganeso: 550 000 t; mica, piedras preciosas; acero: 6 M de t; tejidos de algodón: 4 600 M de metros (3er lugar mundial).

Comercio exterior 1965

Importaciones CIF	*M de rupias*	*Exportaciones* FOB	*M de rupias*
Alimentos	3 408	Telas y sacos de yute	1 816
Productos brutos	1 215	Otros artículos textiles	949
Petróleo y productos petroleros	683	Té	1 148
Productos químicos	1 048	Minerales metálicos	595
Productos manufacturados	2 158	Tortas de residuos	346
Maquinaria y material de transporte	4 895	Frutas y legumbres	333
Artículos manufacturados diversos	186	Cueros	282
		Productos minerales	166
		Diamantes y piedras preciosas	148
		Hierro y acero	126
Total	13 940	Total	8 056
Principales proveedores		*Principales clientes*	
Estados Unidos	5 256	Estados Unidos	1 472
Reino Unido	1 491	Reino Unido	1 455
República Federal Alemana	1 369	Unión Soviética	929
Unión Soviética	825	Japón	569
Japón	792	RAU	271

Tercer mundo: Asia

INDONESIA

1 492 000 km²; 107 M de hab (+ 2.2 por año); 70 hab por km².

Capital: Djakarta, 3 M de hab.

Ciudades principales: Surabaya, 1.05 M de hab; Bandung, 1 M de hab; Semarang, 540 000 hab.

Moneda nacional: rupia = ? (cambio oficial: 1 rupia = 2.22 centavos de dólar).

PIB 1965: aprox. 8 900 M de dólares (por hab: aprox. 85 dólares). 1959: agricultura, 56%; todas las industrias, 10%.

Consumo 1964 por hab: energía: 108 kg; acero: 2 kg.

Producciones notables: caucho: 650 000 t (2o. lugar mundial); cacahuate: 400 000 t; arroz: 12 M de t; té: 45 000 t; soya: 400 000 t; azúcar: 700 000 t; oleaginosas, tabaco, café; pescado: 950 000 t; petróleo: 23 M de t; concentrados de estaño: 17 000 t (4o. lugar mundial).

Comercio exterior, 1962, 1965

Importaciones CIF *1962*	*M de rupias*	*Exportaciones* FOB *1965*	*M de rupias*
Alimentos, bebidas, tabaco	3 673	Petróleo crudo y derivados	12 237
Productos brutos	460	Caucho	9 472
Carbón, productos petroleros	1 824	Minerales y concentrados de estaño	1 706
Productos químicos	3 447	Café	1 421
Productos manufacturados	10 338	Aceite de palma	1 228
Maquinaria y material de transporte	8 304	Tabaco bruto	862
Artículos manufacturados diversos	815	Copra	807
		Té	760
Total	29 133	Total	31 795

Principales proveedores 1962		*Principales clientes 1962*	
Japón	6 082	Singapur	6 576
Estados Unidos	5 253	Reino Unido	4 872
República Federal Alemana	3 356	Estados Unidos	4 352
Reino Unido	2 483	Malasia	2 687
India	695	Japón	1 845
		Unión Soviética	1 569

Tercer mundo: Asia

IRAQ

449 000 km^2; 7 300 000 hab (+ 1.8% por año); 16 hab por km^2.
Capital: Bagdad, 450 000 hab.
Ciudades principales: Bassora, 350 000 hab; Mosul, 190 000 hab; Kirkuk, 130 000 hab.
Moneda nacional: dinar = 2.8 dólares.
PIB 1964: 750 M de dinares (por hab: aprox. 290 dólares). Agricultura: 16%; subsuelo: 37%; industria: 10%; tasa de crecimiento anual 1958-64: 7%.
Total de gastos del presupuesto 1964: 203 M de dinares.
Consumo 1964 por hab: energía: 666 kg; acero: 28 kg.
Producciones notables: petróleo: 65 M de t (7o. lugar mundial); dátil: 1er. productor mundial; ganado ovino: 9.5 M de cabezas; arroz, algodón, tabaco.

Comercio exterior 1965

Importaciones CIF	*M de dinares*	*Exportaciones* FOB	*M de dinares*
(Datos incompletos carentes de significación)		Petróleo crudo	294
		Dátil	6
Total	161	Total	312
Principales proveedores		*Principales clientes*	
Estados Unidos	19	Reino Unido	50
Reino Unido	18	Francia	49
República Federal Alemana	15	Italia	40
Unión Soviética	12	Países Bajos	25
Japón	9	República Federal Alemana	23
Checoslovaquia	9	Japón	22

Tercer mundo: Asia

IRÁN

1 648 000 km²; 24 M de hab (+ 2.5% por año); 14.5 hab por km².
Capital: Teherán, 2.5 M de hab.
Ciudades principales: Tabriz, 400 000 hab; Ispahán, 270 000 hab; Mechhed, 260 000 hab; Abadán, 240 000 hab; Chiraz, 240 000 hab.
Moneda nacional: rial = 0.0132 dólar.
PIB 1965: 480 000 M de riales (por hab: 265 dólares).
Agricultura: 30%; todas las industrias: 29%; tasa de crecimiento 1958-65: aprox. 5.5%.
Total de gastos del presupuesto 1965: 75 000 M de riales.
Consumo 1964 por hab: energía: 386 kg; acero: 23 kg.
Producciones notables: petróleo: 84 M de t (6o. lugar mundial); algodón: 115 000 t; arroz, té, tabaco; ganado ovino: aprox. 35 M de cabezas; tapices; productos petroleros refinados: aprox. 20 M de t; industria algodonera.

Comercio exterior 1964

Importaciones CIF	*M de riales*	*Exportaciones* FOB	*M de riales*
Alimentos, bebidas y tabaco	7 047	Petróleo bruto	64 550
Productos brutos	2 956	Productos petroleros	19 018
Aceites y grasas animales y vegetales	1 121	Algodón	2 643
		Tapices	2 425
Productos químicos	6 440	Pieles en bruto	1 024
Productos manufacturados	14 365		
Maquinaria y material de transporte	16 765		
Artículos manufacturados diversos	1 796		
Total	50 669	Total	94 964

Principales proveedores		*Principales clientes*	
República Federal Alemana	10 188	Japón	14 747
Estados Unidos	8 568	Reino Unido	12 975
Reino Unido	7 275	India	6 591
Japón	3 352	Estados Unidos	6 039
Unión Soviética	2 430	Francia	5 890
Francia	2 243	Sudáfrica	5 160

Tercer mundo: Asia

PAQUISTÁN

946 700 km²; 105 M de hab (+ 2.1% por año); 118 hab por km².

Capital: Rawalpundi, 420 000 hab (Paquistán occidental).

Ciudades principales Paquistán occidental: Karachi, 2 M de hab; Lahore, 1.35 M; Hyderabad, 450 000; Multan, 380 000; Peshawar, 230 000; *Paquistán oriental:* Dacca, 580 000; Chittagong, 380 000; Khulna, 140 000.

Moneda nacional: rupia = 0.208 dólar.

PIB 1965: 52 800 M de rupias (por hab: 107 dólares).
Agricultura: 48%; todas las industrias: 12%; tasa de crecimiento anual 1958-65: aprox. 5%.

Total de gastos del presupuesto 1965 (gobiernos central y estatales): 11 500 M de rupias.

Consumo 1964 por hab: energía: 86 kg; acero: 11 kg.

Producciones notables: arroz: 18 M de t (3er. lugar mudial); trigo: 4.2 M de t; algodón: 400 000 t; té: 28 000 t; tabaco: 100 000 t; yute: 1er. lugar mundial en competencia con la India; ganado bovino: 35 M de cabezas; minerales de hierro; gas natural: 1 800 M de m³; hilados de algodón: 240 000 t; artesanía importante; se están construyendo siderúrgicas.

Comercio exterior 1965

Importaciones CIF	*M de rupias*	*Exportaciones* FOB	*M de rupias*
Alimentos, bebidas y tabaco	753	Yute en bruto	847
Productos en bruto	168	Algodón en bruto	307
Carbón, productos petroleros	165	Lanas	72
Aceites y grasas animales y vegetales	237	Artículos textiles fabricados	721
		Arroz	119
Productos químicos	463	Cueros	67
Productos manufacturados	1 150	Pescados	60
Maquinaria y material de transporte	1 884	Pieles en bruto	37
Artículos manufacturados diversos	145		
Total	4 967	Total	2 515
Principales proveedores		*Principales clientes*	
Estados Unidos	1 737	Reino Unido	338
Reino Unido	736	Estados Unidos	226
República Federal Alemana	699	China	205
Japón	489	India	138
Italia	166	Japón	114
		UEBL	112
		Hong-Kong	90

Tercer mundo: Asia

SIRIA

185 000 km²; 5 500 000 hab (+ 3.2% por año); 30 hab por km².
Capital: Damasco, 575 000 hab.
Ciudades principales: Alepo, 550 000 hab; Homs, 360 000 hab; Hama, 220 000 hab; Lattaquié, 160 000 hab.
Moneda nacional: libra siria = 0.262 dólares.
PIB 1965: aprox. 4 150 M de libras sirias (por hab: aprox. 200 dólares).
Agricultura: 37%; todas las industrias: 13%; tasa de crecimiento anual 1958-65: aprox. 6%.
Total de gastos del presupuesto 1965: 516 M de libras sirias.
Consumo 1964 por hab: energía: 351 kg; acero: 28 kg.
Producciones notables: trigo: 1.2 M de t; cebada: 700 000 t; algodón: 170 000 t; producción de seda en decadencia; ganado ovino: 6 M de cabezas; cultivos de alimentos; carece de recursos energéticos y minerales; industrias de transformación de los productos del suelo.

Comercio exterior 1965

Importaciones CIF	*M de libras*	*Exportaciones* FOB	*M de libras*
Alimentos, bebidas y tabaco	174	Algodón en bruto	285
Productos brutos	60	Cebada	50
Carbón, petróleo y derivados	83	Ovinos vivos	38
Productos químicos	93	Legumbres secas	33
Productos manufacturados	240	Tortas de residuos	33
Maquinaria y material de transporte	126	Artículos textiles	29
Artículos manufacturados diversos	29	Lanas en bruto	27
		Aceite de algodón	16
Total	810	Total	641
Principales proveedores		*Principales clientes*	
República Federal Alemana	94	Líbano	143
Reino Unido	69	Unión Soviética	66
Iraq	67	China	64
Estados Unidos	55	Italia	40
Francia	51	Rumania	39
Italia	46	Francia	35

Tercer mundo: Asia

TAILANDIA

514 000 km^2; 31.5 M de hab (+ 3.0% por año); 60 hab por km^2.
Capital: Bangkok, 1.8 M de hab (aglomeración).
Ciudades principales: Nakhon Ratchasima, 55 000 hab; Lampang, 45 000 hab.
Moneda nacional: baht = 0.048 dólar.
PIB 1965: aprox. 80 000 M de bahts (por hab: aprox. 125 dólares). Agricultura: 33%; todas las industrias: 15%; tasa de crecimiento anual 1958-65: aprox. 6%.
Total de gastos del presupuesto 1965: 12 800 M de bahts.
Consumo 1964 por hab: energía: 106 kg; acero: 13 kg.
Producciones notables: arroz: 10 M de t (4o. lugar mundial); maíz; caucho: 200 000 t (3er. lugar mundial); azúcar: 160 000 t; pescado: 550 000 t; copra, algodón, tabaco, madera de teca, yute; concentrados de estaño: 15 800 t (5o. lugar mundial); mineral de antimonio: 1 800 t; de hierro, tungsteno, manganeso; industrias alimenticias y textiles.

Comercio exterior 1965

Importaciones CIF	*M de bahts*	*Exportaciones* FOB	*M de bahts*
Alimentos, bebidas y tabaco	1 073	Arroz	4 376
Productos brutos	466	Caucho	2 000
Carbón, petróleo y derivados	1 357	Yute	1 121
Productos químicos	1 649	Maíz	980
Productos manufacturados	4 603	Estaño y concentrados	766
Maquinaria y material de transporte	4 462	Legumbres	470
Artículos manufacturados diversos	894	Metal de estaño	400
		Oleaginosas	213
Total	15 081	Total	12 750
Principales proveedores		*Principales clientes*	
Japón	4 806	Japón	2 405
Estados Unidos	2 931	Federación Malaya	1 903
Reino Unido	1 317	Hong-Kong	859
República Federal Alemana	1 306	Estados Unidos	841
Países Bajos	497	Singapur	808
Hong-Kong	390	República Federal Alemana	641

Tercer mundo: Asia

TURQUÍA

780 600 km²; 33.5 M de hab (+ 2.8% por año); 43 hab por km².

Capital: Ankara (Angora): 750 000 hab.

Ciudades principales: Istambul, 1 700 000 hab; Izmir (Esmirna), 400 000 hab; Adana, 250 000 hab; Bursa (Brusa), 240 000 hab.

Moneda nacional: lira = 0.11 dólar.

PIB 1965: 79 500 M de liras (por hab: 280 dólares).
Agricultura: 36%; todas las industrias: 18%, tasa de crecimiento anual 1958-65; aprox. 4.6%.

Total de gastos del presupuesto 1965: 14 420 M de liras.

Consumo 1964 por hab: energía: 333 kg; acero: 26 kg.

Producciones notables: trigo: 9 M de t; tabaco: 170 000 t (5o. lugar mundial); algodón: 325 000 t (8o. lugar mundial); cítricos, avellanas, viñas, té; aceite de oliva: 120 000 t (4o. lugar mundial); ganado ovino: 33 M de cabezas; bovino: 13 M; carbón: 4.5 M de t; lignito: 3 M de t; petróleo: 900 000 t; mineral de cromo: 180 000 t (5o. lugar mundial), de hierro: 600 000 t, de antimonio: 1 500 t, de cobre, mercurio, manganeso; acero: 400 000 t; cemento: 3 M de t; potencial hidroeléctrico; industrias textiles (100 000 t de hilados de algodón), químicas.

Comercio exterior 1965

Importaciones CIF	*M de liras*	*Exportaciones* FOB	*M de liras*
Alimentos, animales vivos	270	Algodón en bruto	884
Productos brutos	398	Tabaco en bruto	806
Petróleo y derivados	518	Avellanas, nueces	618
Productos químicos	819	Uvas e higos secos	256
Productos manufacturados	1 051	Torta de residuos	160
Maquinaria y material de transporte	1 941	Ovinos y bovinos vivos	156
		Cobre y aleaciones	155
Artículos manufacturados diversos	156	Lanas	115
		Aceite de oliva	103
Total	5 193	Total	4 130
Principales proveedores		*Principales clientes*	
Estados Unidos	1 459	Estados Unidos	736
República Federal Alemana	762	República Federal Alemana	643
Reino Unido	503	Reino Unido	372
Italia	335	Italia	270
Francia	194	UEBL	207
Arabia Saudita	178	Líbano	190

www.ingramcontent.com/pod-product-compliance
Ingram Content Group UK Ltd.
Pitfield, Milton Keynes, MK11 3LW, UK
UKHW041839190726
13854UKWH00002B/616

9 789682 301797